大学のメソッドで効率

ゼロから

宅建士

ベーシックブック

① 宅建業法

明海大学 不動産学部 編著

住宅新報出版

はじめに

　宅建士は、不動産関連の仕事に就いている人だけでなく、一般の人にも人気の高い国家資格です。取得すれば、就職や転職活動でも大いに役立ちます。

　私たち明海大学 不動産学部では、1・2年次の学生に宅建士の資格取得のための指導を行い、これまでに多くの学生を合格に導いてきた実績があります。将来、不動産の専門家として活躍するには、宅建士試験に合格できるだけの法律などの知識が必要、という考えから、基本から徹底的に教えることで、宅建士試験にも合格できるレベルの学力まで引き上げるようにしているのです。

　この『ゼロから宅建士 ベーシックブック①宅建業法』は、これまで学生への指導で得たノウハウをフルにいかし、基本からしっかり理解できるくわしい解説と、楽しくわかりやすい図表を取り入れてつくりました。初学者の方でも宅建士試験合格に必要な知識をムリなく習得してもらえる内容となっています。

　合格はあくまでもスタートラインです。将来、宅建士として活躍するうえで、試験勉強で得た知識が大きな支えとなってくれるはずです。みなさんが、この本を活用して、合格を勝ち取られることを心よりお祈り申し上げます。

2023年 11月

明海大学 不動産学部長　中城康彦

宅建士試験のスペシャリスト、たっけん先輩とまいまい先輩

たっけん先輩

宅建士の資格をもっている。不動産全般の知識が豊富で、なかでも建築基準法が大好き。

まいまい先輩

宅建士の資格をもっている。不動産取引だけでなく、民法にも詳しい。

将来立派な宅建士になるために、
勉強をはじめたばかりのカエルくんとスズメちゃん

カエルくん

実家の不動産屋を継ぐために、不動産学を学んでいる。宅建士を目指している。

スズメちゃん

住まいに興味があり不動産学を学んでいる。宅建士試験の勉強をはじめたばかり。

■まずは基本をしっかり学ぼう！

宅建士試験に合格するには、まず基本を理解し、問題を解く力をつけることが大切です。この本では、難しいと思われがちな法律をやさしい言葉で、そして図やイラストをたくさん用いて、目で見て理解を深められるように解説しています。知識の定着をはかるために、テーマにあわせた重要な過去問も取り入れました。カエルくんやスズメちゃんたちと一緒に、合格を目指してがんばっていきましょう！

ゼロから宅建士ベーシックブック
①宅建業法の特徴

『ゼロから宅建士ベーシックブック』では、
初学者でも、楽しく学べるようにたくさんの工夫をしています。

これから学ぶ科目について、重要な点をガイドしています。

知っておきたい重要な知識やつまずきやすい点を、アドバイスしています。

過去問を解いて、学んだ知識をすぐに頭に入れましょう。一問一答形式だから、すぐにチャレンジできます。

---

③金銭＋有価証券

、金銭と異なります

①国債証券	②地方債証券・政府保証債証券	③その他省令で定める有価証券
額面の **100%**	額面の **90%**	額面の **80%**

ココに注意!

 その他省令で定める有価証券には、手形、小切手などは含まれません。

過去問を解こう

（平成24・問33-1）

 宅地建物取引業者A社が地方債証券を営業保証金に充てる場合、その価額は額面金額の100分の90である。

  〇 有価証券による供託の場合、地方債証券だと額面の90%になります。

60

2 営業保証金の還付

宅建業に関する取引で相手方に損害を与えてしまった場合、相手方は営業保証金から、宅建業に関する取引で生じた損害賠償などの債権につき、還付を受けることができます。営業保証金は供託所から相手方に還付されます。ただし、宅建業者は損害を受けても、還付を受けられません。

［1］還付の対象

還付を受けられる者	還付を受けられるのは	還付の限度額
宅建業者と宅建業に関して取引をした者（宅建業者は除く）	宅建業に関する取引で生じた債権（損害）のみ	還付の限度額は、宅建業者が供託した営業保証金の額

できるだけたくさん関係図を用いて、ていねいに、くわしく解説しています。

還付を受けられない債権

新築戸建
4,000万円
○○駅から 徒歩5分
○○不動産（株）
03-0000-0000

給与

電気や内装等の工事代金

広告の印刷代金

不動産賃貸などの管理委託料

宅建業者の従業者の給料

⇒これらの料金については、宅建業の取引（免許が必要な取引）とは関係ないので営業保証金より還付を受けられません。

イラストを使ったわかりやすい解説。目で見て内容を理解できます。

宅建業法

講義4 営業保証金と保証協会

v

もくじ

宅建業法

めざせ！ 宅建士

立派な宅建士になりたい！ そんな思いではじめた試験勉強。
でも覚えることも多いし、難しい言葉もたくさん出てきて、とっても大変！
いったい、どうやって勉強すれば合格できるの？

君たち、宅建の勉強をしているの？

はじめたばかりです

でも、難しくって…

もうザセツしそうなんです…！

たとえば、どんなところが難しいのかな？

覚えることが多いうえに、"宅建業"の定義って言われてもわからないし…

私は権利関係に出てくる法律用語がわからなくて。善意とか、悪意とか、ふだん使っているコトバなのに、何がなんだか…

建蔽率や容積率って難しいし…！

税金も難しいし…！

アレも…コレも…目が回っちゃいそうです…

じゃあ、僕らが教えてあげるよ

えっ！？

コツさえつかめば大丈夫だよ

ハイッ！

明海大学不動産学部の
宅建士試験の指導方針

　明海大学不動産学部では、「不動産取引演習」という講義で、1年次の約半年間で宅建士試験に合格できるレベルの指導を行っています。「不動産学部」ですから、将来の就職を見据えた、宅建士の資格取得のための講義です。カリキュラムはかなりハードで夏休み中も講義がありますし、問題演習も相当量をこなします。もちろん学生には合格を目標にがんばってもらいますが、それ以上にこの講義では、宅建士試験の勉強を通じて、専門教育の基礎となる不動産の法律などを学ぶことをねらいとしているのです。

　不動産を扱うには幅広い知識が求められます。それには、法律や経済、建築のことを総合的に理解する力が必要です。宅建士試験の出題分野を学び、理解を深めることは、将来実務をするための土台作りにもなります。ですから、学生には単に知識を暗記させるのではなく、仕事で必要になることやその理由をくわしく伝えたうえで、「活きた知識」として頭に入れてもらうようにしています。これから宅建士試験にチャレンジする人も、試験勉強を通じて「不動産のプロ」として活躍するために必要な知識を学んでいると思えば、より真剣に勉強に取り組めるようになるはずです！

　ではこれから、宅建士試験についてガイダンスしていきましょう。

なるほど！

試験の出題範囲

宅建士試験は4分野から全50問出題されます。

宅地建物取引業法
（宅建業法）

宅地建物取引業を営むための法律である宅建業法をメインに、住宅瑕疵担保履行法から1問出題されるのが出題パターンです。

- 宅建業法
- 住宅瑕疵担保履行法

出題数
20問

権利関係

売主や買主をはじめ、不動産取引にかかわる者の権利を守る民法をメインに、借地借家法などの関連法律からも出題されます。宅建士試験のなかでも難易度の高い分野です。

- 民法
- 借地借家法
- 区分所有法
- 不動産登記法

出題数
14問

法令上の制限

土地や建物の利用について制限を設けている法律のなかから出題されます。試験では細かい数字を問われることが多い分野です。

- 都市計画法
- 建築基準法
- 国土利用計画法
- 農地法
- 土地区画整理法
- 宅地造成及び
  特定盛土等規制法
- その他の法令上の制限

出題数
8問

税・その他

宅地建物の取引に関係する税金をはじめ、地価公示、不動産鑑定評価など不動産関連分野から出題されます。

- 税法
  不動産取得税、固定資産税、所得税、
  印紙税、登録免許税
- その他
  地価公示、不動産鑑定評価基準
  [以下は登録講習修了者免除科目]
  住宅金融支援機構、景品表示法、
  土地・建物、統計

出題数
8問

宅建業法

いちばん出題数が多い分野。
ココで点数を稼げば、合格に近づく！

宅建業法は宅建士の実務に直結した法律。だから、宅建士試験でも一番
重要な分野で、試験の出題数50問のうち、20問も出題されます。宅建士
の仕事のイメージをつかみやすく、理解しやすい法律でもあるので、早め
に学習をスタートさせて、高得点を狙いましょう。宅建士試験の合格ライン
は過去10年間で31〜37点です。ここでは18問以上正解できるように勉強を
進めるのが、合格への近道です。できれば20問全問正解を目指しましょう。

まずは用語の定義をしっかり押さえよう！
宅建業法を学ぶうえでの基本です

まずはしっかり用語の定義を押さえておくことです。宅建業の「業」
とはどんな意味か。これは最初に学びますが、試験でも必ず問われる
ところでもあり、宅建業法を学ぶうえでの基礎ともなります。そのほか、
重要事項説明や37条書面、8種制限といった項目は、宅建士の仕事で
も重要視されるところなので、つねに試験でも問われます。過去問を
繰り返し解いて出題パターンを押さえましょう。

明海大学不動産学部ではこう教えている！

学生に宅建業法を教えるにあたっては、「将来宅建士の仕事をするために必要なこと
を勉強するんですよ」ということを伝えて、モチベーションをあげてもらうようにして
います。特に重要事項説明や37条書面の仕事は宅建士だけができる仕事ですから、
細かい知識まで身につけてもらうよう指導しています。「比較的理解しやすい法律」
なので、はじめて法律を学ぶ人なら、宅建業法からとりかかることをおすすめします。

宅建業法の構成について

① 宅建業法とは

土地や建物といった不動産は非常に高額な商品であり、多くの人は、何度も売買をする機会はありません。また、取引の内容は複雑で、専門的な知識がない一般消費者にとっては、理解しづらいところが多くあります。そのため、一般の人と不動産取引のプロである宅建業者が公平に取引をするため、宅地建物取引業法（宅建業法）で、宅建業者に対してさまざまなルールを設けています。したがって、土地や建物を取引するプロとしては、必ず把握しておかなくてはならない法律として、宅建士試験でも多く出題されています。

② 宅建業法の構成

宅建業法では、免許制度を設けることで、取引するにあたり安全な業者であることを一般消費者に示し、宅地建物の取引の専門家である宅地建物取引士（宅建士）の設置を義務付けています。宅建士は、重要事項説明への記名、交付や説明、契約書面（37条書面）への記名など、取引での主要な場面で、重要な役割を担うことになります。このほか宅建業法で規定されているものとしては、取引で一般消費者に損害を与えてしまった場合の補填策として設けられている保証金制度、媒介契約の規制、広告の規制、宅建業者が自ら売主となり、一般消費者と取引する場合に設けられている8種制限、報酬の規制、監督・罰則などがあります。なお、宅建業法の関連法規として、「住宅瑕疵担保履行法」がありますが、これは、宅建業者が自ら売主となる場合の新築住宅の売買で、一般消費者である買主に対しての損害賠償責任を確実に履行するために設けられている法律です。

学習スケジュール

大学や専門学校、資格学校などで学ぶ場合は、それぞれのカリキュラムに沿って学びますが、ここでは独学での一例をご紹介します。

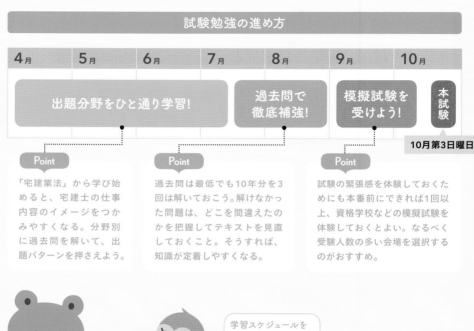

試験勉強の進め方

4月	5月	6月	7月	8月	9月	10月

出題分野をひと通り学習！　　過去問で徹底補強！　　模擬試験を受けよう！　　本試験

10月第3日曜日

Point
「宅建業法」から学び始めると、宅建士の仕事内容のイメージをつかみやすくなる。分野別に過去問を解いて、出題パターンを押さえよう。

Point
過去問は最低でも10年分を3回は解いておこう。解けなかった問題は、どこを間違えたのかを把握してテキストを見直しておくこと。そうすれば、知識が定着しやすくなる。

Point
試験の緊張感を体験しておくためにも本番前にできれば1回以上、資格学校などの模擬試験を体験しておくとよい。なるべく受験人数の多い会場を選択するのがおすすめ。

学習スケジュールを立てたらしっかり実行しよう！

＼ 読者特典！　一問一答式問題集ダウンロード ／

本書に掲載している一問一答以外にも、重要な過去問をセレクトしています。
あわせて利用すれば、より知識が頭に定着しやすくなります！
重要統計データも同サイトで公開予定です。

ダウンロードサイトはこちら！
https://www.jssbook.com/news/n54488.html

パスワード jss63880052　※2023年12月下旬公開予定です。

こちらからも▶
アクセス
できます

合格までのみちのり

宅建士試験の出願から受験、合格までのみちのりを確認しておきましょう。

受験資格

特になし。誰でも受験できる！

年齢、学歴、国籍などの
制限はありません。

試験方法

四肢択一のマークシート式

全部で50問（登録講習修了者は45問）。
解答はマークシート方式です。

スケジュール　※日程は原則です

願書は
都道府県別！

7月

願書の配布
（郵送申込）

配布期間は7月1日～中旬。大きな書店でも配布しています。詳細や配布場所は、6月上旬から一般財団法人 不動産適正取引推進機構のホームページで告知されます。

8月

受験票の送付

10月初め頃、受験票が届きます。

受験の申込み

インターネットでは7月上旬～下旬、郵送では7月上旬～中旬まで申込みを受け付けています。

9月

申込みは
インターネットでも
郵送でもOK

10月

試験実施

10月の第3日曜日、13時～15時*に試験が実施されます。

合格

合格者発表

11月下旬に合格者が発表になります。

11月

試験時間は2時間*。
途中退出はできないので、
体調管理は万全に！

12月

*登録講習修了者は、
13時10分～15時（1時間50分）

宅建士の資格試験を行うのは、一般財団法人 不動産適正取引推進機構。
試験の申込みや問い合わせもこちらへ。くわしくは、**https://www.retio.or.jp/**

直近の受験者データ

宅建士試験の受験者数や合格率、合格者のプロフィールを紹介します。

受験者数・合格者数・合格率

※令和4年度試験実施結果

合格者数 **38,525** 人

受験者数 **226,048** 人

合格率
17.0%

合否判定基準
50問中36問以上正解
登録講習修了者
45問中31問以上正解

受験者数が多いね！

合格者のプロフィール

不動産業に関わる人が 27.7% で最多ですが、金融業や建設業の人もそれぞれ1割程度います。
また、そのほかの業種から受験する人も少なくありません。学生もチャレンジし、合格者が出ています。

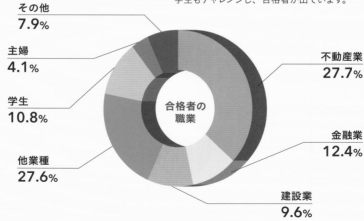

その他
7.9%

主婦
4.1%

学生
10.8%

他業種
27.6%

合格者の
職業

不動産業
27.7%

金融業
12.4%

建設業
9.6%

宅建士へのステップ

宅建士の試験に合格してから実際に仕事ができるまでのステップを紹介します。

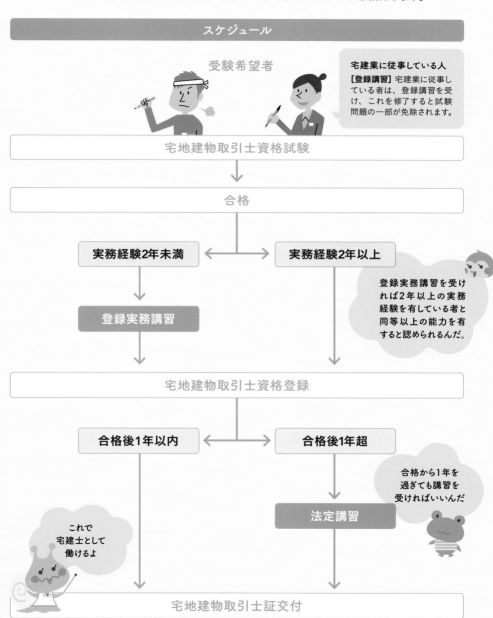

スケジュール

受験希望者

宅建業に従事している人
[登録講習] 宅建業に従事している者は、登録講習を受け、これを修了すると試験問題の一部が免除されます。

宅地建物取引士資格試験

↓

合格

実務経験2年未満 ←→ 実務経験2年以上

登録実務講習

登録実務講習を受ければ2年以上の実務経験を有している者と同等以上の能力を有すると認められるんだ。

宅地建物取引士資格登録

合格後1年以内 ←→ 合格後1年超

法定講習

合格から1年を過ぎても講習を受ければいいんだ

これで宅建士として働けるよ

宅地建物取引士証交付

宅建士として活躍しよう

合格して宅建士証を交付されたら、宅建士としてスタートできます。

不動産業で

宅建士としてもっとも一般的な活躍の舞台は、やはり不動産業です。不動産業には、分譲、仲介、管理、賃貸などがあります。宅建士はとくに分譲や仲介の場面で必須。宅地や建物の売買や賃貸の仲介を行う業者は、事務所ごとに5人に1人以上の割合で宅建士を置かなくてはなりません。

部屋を貸す・借りる	住宅の買い替え	相続で土地の売却

不動産業以外でも

宅地や建物の取引は、不動産業界以外の業種が関わることがあります。どの会社でも企業活動をするための拠点（宅地や建物）を自社で持っているか、借りています。また事業を運営するうえで、土地を扱うことが少なくありません。

流通業
百貨店やスーパー、コンビニエンスストアなどの店舗の立地戦略にも不動産の知識は必要です。

金融業
銀行など金融機関では、宅地建物など不動産を担保に融資をしますので不動産の知識が必要となります。

公務員
国や都道府県にとって街づくりや都市計画などは重要な仕事。こうした仕事には宅建士の資格が役に立ちます。

IT業界
企業サイトや情報サイトで不動産関連の企業や情報を扱うとき、不動産の知識が必要になる場合もあります。

宅建士の知識は多くの業種で役に立ちます。仕事に活かせる資格です

ボクたちもがんばろうね！

宅建業法

講義編

講義 1

宅建業に
ついて

宅建業法では、
不動産の取引に不慣れな一般消費者を保護するために、
宅建業者が守るべきルールが定められています。
これから宅建業法を学ぶにあたり、
まずは宅建業の用語の意味を学んでおきましょう。

1 宅建業ってなに？

宅建業とは、「宅地建物取引業」の略称で、宅地・建物の取引を業として営むことをいいます。宅地や建物は高額な商品なので、宅建業の免許（一定の基準があります）を受けた個人や法人（会社）だけが宅建業を行うことができるしくみになっているのです。

［1］取引

免許の必要な宅建業にあたる取引は、次の3つです。

❶自らの宅地・建物を売買、交換する⇒ 当事者

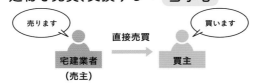

❷他人の宅地・建物の売買、交換、貸借の代理を行う⇒ 代理
例）売主の代理

☆買主から購入の代理を依頼される場合もあります。

❸他人の宅地・建物の売買、交換、貸借の媒介を行う⇒ 媒介
例）売買の媒介

（契約を締結する権限はなし）
☆買主から媒介の依頼をされて売主を見つける場合もあります。

ココに注意！

媒介（仲介ともいいます）と代理は、どちらも他人が所有する宅地・建物の売買や貸借を取り持つ仕事です。両者の違いは、依頼者の代わりに契約を締結することができるかどうか、という点です。

●免許の必要な宅建業にあたる取引

	売　買	交　換	貸　借
①当事者	○	○	× ☆宅建業の取引にあたらない
②代理	○	○	○
③媒介	○	○	○

 ココに注意!

宅地や建物を自ら貸借すること（アパート・マンション経営など）は、宅建業となる取引にはあたらないので免許は不要です。自分のものを他人に貸すには免許はいりません。つまり、アパートの大家さんには免許は不要です。

免許不要

A
（大家）

Aが家をBに貸す

B
（借主）

 ココに注意!

自ら行うサブリース（転貸）も宅建業となる取引にあたらないので、免許は不要です。自ら行う使用貸借（無料で貸すこと）も同様です。なお、サブリースとは、他人から借りた土地や建物（アパート、マンションなど）を、さらに他人に貸すことです。人から借りたものを他人に又貸しするので、転貸といいます。この場合も又貸しする人は貸主の立場なので、免許は不要です。

■宅地・建物ってなに？

宅地

❶今現在、建物が建っている土地

建物は住宅に限りません。工場や店舗、倉庫などの建物が建っていれば宅地になります。

└ 宅地

❷将来建物を建てる目的で取引される土地

宅地見込地、宅地予定地など。現在は山林や農地であっても宅地に該当します。

└ 宅地

❸用途地域内の土地

道路・公園・河川・広場・水路といった公共施設用地**以外の**すべての土地は宅地になります。なお、用途地域とは、都市計画法で土地の使用用途が制限されているところです。主に市街地が該当します。

☆用途地域については、ベーシックブック③ **法令上の制限**の講義1「**都市計画法① 都市計画**」で詳しく学びます。

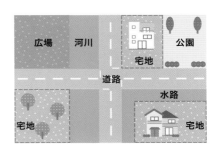

ココに注意！

登記簿上の地目とは関係ありません。たとえ登記簿上の地目が田や畑であっても、現在建物が建っていたり、建物を建てる目的で取引されるのであれば、宅地となります。

用語解説

地目
登記簿に記された土地の用途区分のこと。土地利用の変化とともに実際の用途と異なってしまっている場合も多いです。

屋根と柱（壁）のある工作物

住宅だけでなく、倉庫や店舗、工場、
別荘なども含まれます。

☆マンションの一室等、建物の一部も含まれます。

\ **過去問を解こう** /

（令和3（12月）・問34-3）

 建物とは、土地に定着する工作物のうち、屋根及び柱若しくは壁を有する
ものをいうが、学校、病院、官公庁施設等の公共的な施設は建物に当たら
ない。

  ✕ 公共的な施設であっても、屋根および柱、壁を有して
いれば、建物となります。

［2］業とは

業とは、宅地・建物の取引を不特定多数に反復継続して行うことをいいます。たと
えば、住んでいた家を売るなど、個人による1回限りの売却は、業にはあたらない
ので免許は不要です。

業にあたる

●宅地を区画割りして分譲する

区画割りして分譲なので
不特定多数に反復継続になる

業にあたらない

●自宅を売却するなど1回限りの行為

1回限りなので
反復継続しない

こんな場合はどうなる？

①Aが自己所有地を宅地用に区画割りして、宅建業者Bに一括して代理を依頼し、分譲（販売）する場合

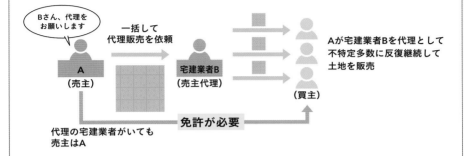

Bさん、代理をお願いします

一括して代理販売を依頼

A（売主）

宅建業者B（売主代理）

（買主）

Aが宅建業者Bを代理として不特定多数に反復継続して土地を販売

代理の宅建業者がいても売主はA

免許が必要

業にあたる

Aの行為は業にあたるので、Aは免許が必要です。代理の宅建業者が契約したとしても売主はAとなるため、Aが反復継続して売買したことになります。

②Aが自己所有地を宅地用に区画割りし、宅建業者Bに土地を全て一括して売却し、Bが分譲（販売）する場合

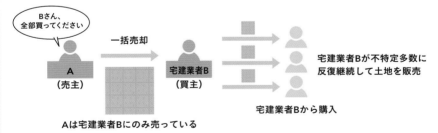

Bさん、全部買ってください

一括売却

A（売主）

宅建業者B（買主）

宅建業者Bが不特定多数に反復継続して土地を販売

宅建業者Bから購入

Aは宅建業者Bにのみ売っている

業にあたらない

Aは、特定の者つまり、宅建業者Bとの1回限りの売買となるため、宅建業にはあたりません。したがって、Aは免許は不要です。

Aの所有するオフィスビルを賃借しているBが、不特定多数の者に反復継続して転貸する場合、AとBは宅地建物取引業の免許を受ける必要はない。

  A ○ 自ら貸主の立場で貸借をする場合は宅建業にはあたらないので、免許は不要です。転貸の場合も同じです。

2 免許の適用がない団体

国や地方公共団体には宅建業法の適用がなく、免許がなくても宅建業を営むことができます。このほかにも宅建業法の免許の規定だけ適用されない団体もあるので、覚えておきましょう。

宅建業法が適用されない団体	国・地方公共団体、独立行政法人都市再生機構、地方住宅供給公社
免許の規定だけが適用されない団体	**信託銀行、信託会社** 宅建業法の**免許に関する規定のみ**適用されません。免許がなくても国土交通大臣へ届出をすれば、宅建業を営むことができるのです。

過去問を解こう

信託業法第3条の免許を受けた信託会社が宅地建物取引業を営もうとする場合には、国土交通大臣の免許を受けなければならない。

✕ 信託会社は宅建業の免許がなくても、国土交通大臣に届出をすれば大臣免許の宅建業者とみなされ、宅建業を営むことができます。

宅建業法

講義1 宅建業について

9

講義2

宅建業の免許

宅建業を営む場合、免許が必要です。
ここではその免許の種類をはじめ、免許の申請、変更方法、
欠格事由について解説していきます。
ほかにも宅建業法上での事務所や案内所についても触れますので、
基本的な知識をここで身につけていきましょう。

① 免許の種類

宅建業の免許には国土交通大臣免許、都道府県知事免許の2種類があります。どちらの免許も効力は同じですが、宅建業を行う事務所の置かれる場所によって、免許の種類が異なります。

都道府県知事免許

1つの都道府県のみに事務所を設置する場合は、その都道府県知事の免許を受けます。

国土交通大臣免許

2つ以上の都道府県に事務所を設置する場合は、国土交通大臣の免許を受けます。

ココに注意!

都道府県知事免許、国土交通大臣免許でも、全国で宅建業を行うことができます。東京都知事免許であっても、千葉県内で土地の分譲もできるし、神奈川県のマンション販売の仲介（媒介）や代理もできます。

こんな場合はどうなる？

●千葉県内のみに3つの事務所がある場合

千葉県知事免許が必要

1つの都道府県のみに事務所がある場合は、その都道府県知事の免許を受ければよいのです。国土交通大臣の免許の場合は、あくまで**2つ以上の都道府県**に事務所があるかどうかで決まります。

2 宅建業法上の事務所

宅建業法上の事務所とは次のとおりです。

［1］事務所とは

●**本店**（主たる事務所）

宅建業法では本店は常に事務所にあたります。

●**宅建業を営む支店**（従たる事務所）

宅建業を営んでいる支店だけが事務所となります。

●本店や支店以外でも事務所となるのは

本店や支店という名称ではなくても、**継続的に業務を営む施設を有する場所**で、**契約を締結する権限を有する使用人**が置かれている場所は事務所として扱います。
・継続的に業務を営む施設とは、ビルの一室などきちんとした建物をいい、テント張りなどのものはこれに該当しません。
・ここでいう「契約を締結する権限を有する使用人」とは、支店長、営業所長など決済権を持つ人のことで、その場所に常勤している人のことです。

こんな場合はどうなる？

①本店で宅建業、支店では建設業のみを営んでいる場合

例) 東京都の本店 → 宅建業、千葉県の支店 → 建設業

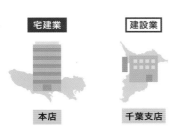

東京都知事免許が必要

東京本店だけが事務所となるので、東京都知事免許を受ける必要があります。

②支店で宅建業、本店では建設業のみを営んでいる場合

例) 東京都の本店 → 建設業、千葉県の支店 → 宅建業

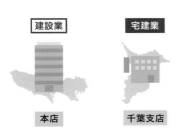

国土交通大臣免許が必要

東京本店も千葉支店も事務所となるため、2つ以上の都道府県に事務所があることになります。国土交通大臣の免許が必要です。

ココに注意！

本店では宅建業を営んでいなくても、常に事務所に該当します。

3 免許の申請・更新について

免許の申請や更新についてもルールがあります。

［1］免許の申請

宅建業の免許を受けるには、まず免許権者（国土交通大臣または都道府県知事）に免許申請書を提出します。

●免許の申請先

都道府県知事免許

都道府県知事に直接申請します。

国土交通大臣免許

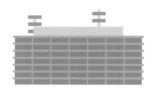

主たる事務所(本店)所在地の知事を経由して国土交通大臣に申請します。直接、国土交通大臣に申請書の提出はできません。

ココに注意！

変更届や廃業届の申請先も、免許の申請先と同じです。

［2］免許の有効期間

免許の有効期間は5年となります。免許の更新を受ける場合は、免許の有効期間満了の日の**90日前から30日前まで**の間に、**更新の手続き**をしなければなりません。

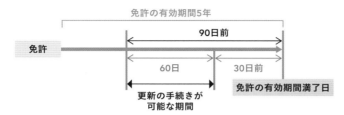

こんな場合はどうなる？

● **免許有効期間満了の日までに、免許権者（国土交通大臣や都道府県知事）側の都合で免許の更新がされなかった場合**

新しい免許が発行されるまで、従前の免許は有効です。

期間満了後に新しい免許が発行されたとき、新しい免許の有効期間は、**従前の免許の有効期間満了の日の翌日から5年**となります。

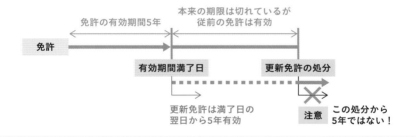

ココに注意！

業務停止期間中であっても、免許の更新は受けられます。

4 免許換え

宅建業者が都道府県をこえて事務所を移転することなどで免許権者が変わる場合は、新しい免許権者の免許を受け直す必要があります。これが「免許換え」と呼ばれる手続きです。免許換えを行う場合、新しい免許権者に直接に申請書を提出できますが、新しい免許権者が国土交通大臣の場合には、主たる事務所を管轄する都道府県知事を経由して行います。

［1］免許換えが必要な場合

❶事務所の増設　都道府県知事免許 ⇒ 国土交通大臣免許

これまでは1つの都道府県のみに事務所を設置していたけれど、支店を開設して2つ以上の都道府県に事務所を設置することになった場合。

例）東京都の本店のみだったけれど、千葉県にも支店を出した

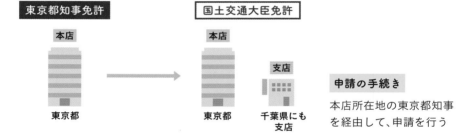

申請の手続き

本店所在地の東京都知事を経由して、申請を行う

❷事務所の一部廃止　国土交通大臣免許 ⇒ 都道府県知事免許

これまでは2つ以上の都道府県に事務所を設置していたけれど、支店を閉鎖して1つの都道府県のみに事務所を設置する場合。

例）東京都の本店と千葉県の支店があったけれど、千葉支店を廃止した

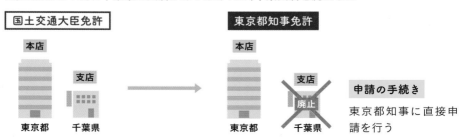

申請の手続き

東京都知事に直接申請を行う

❸事務所の移転　都道府県知事免許 ⇒ 他の都道府県知事免許

1つの都道府県に事務所を設置していたけれど、その事務所を移転して、他の都道府県に事務所を設置した場合

例）東京都にあった本店を千葉県に移した

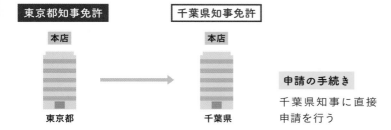

東京都知事免許	千葉県知事免許
本店（東京都）	本店（千葉県）

申請の手続き
千葉県知事に直接
申請を行う

［2］新たな免許権者による免許が交付された場合

新たな免許権者から従前の免許権者に対して、免許換えの通知がされます。

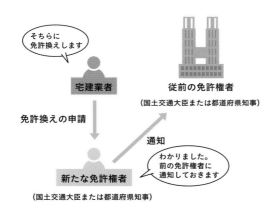

そちらに
免許換えします

宅建業者

従前の免許権者
（国土交通大臣または都道府県知事）

免許換えの申請

通知

わかりました。
前の免許権者に
通知しておきます

新たな免許権者
（国土交通大臣または都道府県知事）

ココに注意！

他の都道府県に、事務所にはならない案内所（p32参照）を設置して宅地の分譲などを行う場合には、免許換えは不要です。事務所の設置にはあたらないからです。

宅地建物取引業者A社 (国土交通大臣免許) は、甲県に本店、乙県に支店を設置しているが、乙県の支店を廃止し、本店を含むすべての事務所を甲県内にのみ設置して事業を営むこととし、甲県知事へ免許換えの申請を行った。

  ○ 支店を廃止して、1つの都道府県内にのみすべての事務所を設置する場合、国土交通大臣免許から、都道府県知事への免許換えをする必要があります。この場合、都道府県知事免許への免許換えは、主たる事務所（本店）を設置する都道府県知事に直接申請します。

［3］免許換えによる有効期間

免許換えの申請があった場合、新たな免許が発行されるまでは、従前の免許は有効です。免許換えによって新たに受ける免許の有効期間は、従前の免許の残りの期間（残存期間）ではありません。新たに取得した日から5年となります。

例）東京都知事免許から国土交通大臣免許に免許換えとなった場合

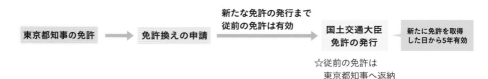

［4］免許証の交付など

❶免許証の交付

国土交通大臣または都道府県知事から
免許を受けると、免許証が交付されます。

❷免許証の書換え

免許証の記載事項に変更が生じたときは、宅建業者名簿（p20参照）の登載事項の変更届とともに、30日以内に書換え交付の申請をしなければなりません。

> **書換え交付申請が必要な項目**
> 商号、代表者氏名、主たる事務所の所在地の変更

❸免許証の再交付、返納

免許証を亡失、滅失、汚損または破損したときは、遅滞なく再交付の申請をしなければなりません。また、免許換えや免許が取り消された場合などは、免許証を遅滞なく返納しなければなりません。下記の表で確認をしておきましょう。

	事　由	申請等の時期
免許証の書換え	免許証の記載事項に変更が生じたとき	**30日以内**に申請
免許証の再交付	免許証を亡失、滅失、汚損または破損したとき	**遅滞なく**届出
免許証の返納	①免許換えによって従前の免許が効力を失ったとき ②免許を取り消されたとき ③亡失した免許証を発見したとき ④廃業等の届出をしたとき	**遅滞なく**返納 ☆④の場合は、廃業の届出と同時に返納

ココに注意！
免許の有効期間が満了した場合は、期限切れの免許証を返納する必要はありません。

過去問を解こう

（平成28・問35-1）

Q 個人である宅地建物取引業者A（甲県知事免許）が、免許の更新の申請を怠り、その有効期間が満了した場合、Aは、遅滞なく、甲県知事に免許証を返納しなければならない。

   免許の更新の申請を怠って有効期間が満了しただけの理由であれば、免許証の返納義務はありません。

5 宅建業者名簿

国土交通省および都道府県の宅地建物取引業所管課には、それぞれ宅建業者の名簿が備え付けられています。免許権者が業者に関する情報を把握しておくため、また、取引をする一般の人が閲覧できるようにするためでもあります（**一般の閲覧に供される**ともいいます）。

［1］ 宅建業者名簿の登載事項

名簿には下記の事項が登載（記載）され、誰でも閲覧できるようになっています。

宅建業者(宅地建物取引業者)名簿の登載事項

①免許証番号および免許の年月日

②**商号**または**名称**

③法人である場合、その**役員**および**政令で定める使用人の氏名**

④個人である場合、その者および**政令で定める使用人の氏名**

⑤事務所の**名称**および**所在地**

⑥事務所ごとに置かれる**専任の宅建士の氏名**

⑦宅建業以外に兼業があれば、その兼業の種類

⑧指示処分・業務停止処分があったときは、その年月日および内容

☆③④⑥には、住所・本籍地は含まれません。

☆③の役員には、非常勤の役員や監査役も含まれています。

☆⑦については変更があっても届出の必要はありません。

☆一般の宅建士(専任にはなっていない宅建士)の氏名は登載されません。

ココに注意！

宅建業者名簿は一般の人でも閲覧が可能ですが、宅建士の資格登録簿（p48参照）については閲覧できません。

ココに注意！

政令で定める使用人とは、支店長や営業所長など事務所の代表者のことです。

ココに注意！
法人の役員、政令で定める使用人、専任の宅建士の住所や本籍地については、宅建業者名簿の登載事項ではありません。

［2］変更の届出

宅建業者名簿の登載事項（p20［1］の②〜⑥）に変更があったときは、宅建業者は**変更のあった時から30日以内**に免許権者に届け出なければなりません。

●変更の届出先

都道府県知事免許	都道府県知事に直接届出
国土交通大臣免許	主たる事務所の所在地を管轄する都道府県知事を経由して届出

例)宅建士Aが千葉県内の宅建業者Bに専任の宅建士として勤務することになった場合

宅建士A

宅建士Aが
専任の宅建士として
勤務することになった

宅建業者B

宅建業者Bは
30日以内に業者
名簿の変更の届出を行う

免許権者の
千葉県知事

ココに注意！
①宅建業者名簿の変更の届出、②廃業等の届出、③死亡等の届出の3つは、いずれも30日以内の届出となっています。なお、宅建業者名簿の登載事項である兼業の種類については、変更があっても変更の届出は必要ありません。

＼過去問を解こう／　　　　　　　　　　　　　　　　　　　（平成24・問36-3・改）

Q
宅地建物取引業者A社（甲県知事免許）の主たる事務所の専任の宅地建物取引士Bが死亡した場合、当該事務所に従事する者17名に対し、専任の宅地建物取引士4名が設置されていれば、A社が甲県知事に届出をする事項はない。

A　✕　専任の宅建士の氏名は、宅建業者名簿の登載事項です。専任の宅建士Bが死亡した場合、30日以内に、免許権者である甲県知事に変更の届出をしなくてはなりません。

6 廃業等の届出

宅建業者が死亡または会社の解散などで廃業したときは、免許権者への届出が必要になります。届出の義務者や届出期限、どの時点で免許が失効するのかは廃業事由によって異なります。

●廃業等の届出先

| 都道府県知事免許 | 都道府県知事に直接届出 |

| 国土交通大臣免許 | 主たる事務所を管轄する都道府県知事を経由して届出 |

届出事由	届出義務者	届出期限	免許失効時点
死亡(個人業者)	相続人	死亡を知った日から30日	死亡の時
合併により消滅(法人業者)	**消滅した法人**の代表役員(社長、理事長など)	その日から30日以内	合併により消滅した時
破産手続きの開始の決定	破産管財人(破産財産を管理する弁護士)		届出の時
法人が解散	清算人(解散のあと始末をする人)		
宅建業の廃止	個人業者は本人 法人は会社の代表者		

☆「宅建業を休止する」としても、その旨を届け出なければならないとするような規定は宅建業法にはありません。

ココに注意!
死亡の場合、「死亡の事実を知った日」から30日以内に届出が必要です。「死亡した日」ではないので注意しましょう。

ココに注意!
合併の場合、「消滅した法人」の代表役員だった者が届け出る義務があります。「存続する法人」の代表役員ではありません。

ココに注意！

免許は一身専属性（特定の人だけに与えられる権利や資格）のため、相続や譲渡をすることはできません。

過去問を解こう

（平成22・問28-1）

 Q 免許を受けている個人の宅地建物取引業者Aが死亡した場合、相続人にAの免許は承継されないが、相続人は、Aが生前に締結した契約に基づく取引を結了するための業務を行うことができるので、当該業務が終了した後に廃業届を提出すればよい。

  A **✕** 宅建業者が死亡した場合、相続人は、その事実を知った日から30日以内に、その旨を免許権者に届け出なければなりません。なお、相続人は、死亡した宅建業者Aが生前に締結した契約に基づく取引を結了させるための目的の範囲内においては、宅建業者とみなされます。

7 無免許営業・名義貸しの禁止

免許を受けていない者が宅建業を営んだり、他人に名義を貸したりすることは禁止されています。違反した場合は、処罰の対象となります。3年以下の懲役もしくは300万円以下の罰金、またはこれの併科に処せられることもあります。

無免許営業の禁止

①免許を受けない者は宅建業を営んではなりません。
②無免許なのに宅建業を営む業者であるかのような表示や広告をすることは禁止されています。

名義貸しの禁止

①宅建業者が自己の名義をもって、他人に宅建業を営ませてはなりません。
②宅建業者が自己の名義をもって、他人に宅建業を営む業者であるかのような表示や広告をすることは禁止されています。

8 宅建業免許の欠格事由

宅建業は、土地や建物といった高額なものを取り扱う責任の重い仕事です。そのため、宅建業法では宅建業に不適格な人には免許を与えないよう、一定の基準を設けています。ここで紹介する欠格事由に1つでも該当する人は、宅建業の免許を受けることはできません。法人でも同じです。

［1］欠格事由の種類

❶適正に宅建業を営めない者、破産者で復権を得ない者

適正に宅建業を営めない者

心身の故障により、宅地建物取引業を適正に営むことができない者として国土交通省令で定めるものは免許を受けることができません。

破産者で復権を得ない者

破産手続の開始決定後、復権を得なければ免許を受けることはできません（破産者は復権を得れば、直ちに免許を受けられます。復権を得てから、5年を待つ必要はありません）。

☆破産をすると一定資格について制限されますが、この制限を解除することを復権といいます。

ココに注意！

・未成年者は、欠格事由に含まれません。未成年者、被補助人という理由だけで免許を受けられないということはありません。

ココに注意！

・取引の相手方を保護するために、宅建業者（個人）が行った行為は、その業者が制限行為能力者（未成年者を除く）であることを理由に取り消すことはできません。

❷宅建業において不正をはたらいた者

（1）三大悪事で免許を取り消された者

宅建業者が「三大悪事」とよばれる次のいずれかの理由によって免許を取り消され、その取消しの日から5年を経過していない者。

業務停止処分に違反

免許取消し

宅建業免許の三大悪事
①不正の手段により免許を取得した
②業務停止処分に該当する行為をして情状が特に重い
③業務停止処分に違反して宅建業を行った
　⇒①～③の理由で免許取消し
　　免許取消しの日から5年間は免許を受けることはできません。

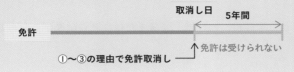

宅建業者への監督処分

軽い　**指示処分 → 業務停止処分 → 免許取消処分**　重い

☆単に業務停止処分を受けても、5年間免許を受けられなくなることはありません。
　三大悪事で免許が取り消された場合のみ、欠格事由となります。

 ココに注意！

他の理由、たとえば1年以上事業を停止したり、免許換えをしなかったことが理由で免許が取消しとなっても、三大悪事以外の理由なので、5年間免許を受けられなくなることはありません。申請をすれば再びすぐに免許を受けることができます。

■法人の役員はどうなる？

●宅建業者が、三大悪事のいずれかの理由によって免許を取り消されたときは、免許取消しに係る聴聞の期日および場所の公示の日前60日以内に役員であった者も、免許取消しの日から5年間は免許を受けることはできません。

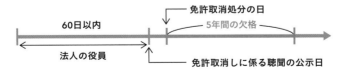

個人・法人　免許取消しの日から5年間は免許を受けられません。

法人の役員　免許取消しに係る聴聞の公示の日前60日以内に役員であった者も、免許取消しの日から5年間は免許を受けることはできません。

聴聞

免許権者が宅建業者から事情を聴く機会のこと。聴聞の公示とは「いついつに聴聞をします」と告知することです。行政手続法で定められており、単なる「弁明の機会」よりも、きちんとした手続きに従って行われます。

ココに注意！

役員とは、取締役、執行役、顧問またはこれらに準ずる者のことです。

（2）処分逃れのための廃業・解散

免許取消処分を受ける前に、宅建業を廃業し、免許を返してしまえば免許取消処分はありません。廃業後には免許がないわけですから、免許の取消しのしようがないからです。したがって、免許の取消処分を受けそうだとわかると、なかには処分を免れようとして宅建業を廃業したり、会社を解散したりして、再度免許を受け直そうとする業者が出てくる可能性もあります。そんな悪質な行為を防ぐために、三大悪事で免許取消しに係る聴聞が公示された法人とその役員に対して、次の規定が設けられています。

■法人の役員はどうなる？

●免許取消しに係る聴聞の公示後に廃業・解散をした場合、その届出の日から5年間は免許を受けることができません。

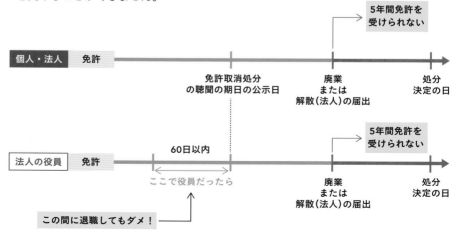

| 個人・法人 | 廃業・解散の届出の日から5年間は免許を受けることはできません。 |

| 法人の役員 | 免許取消しに係る聴聞の公示の日前60日以内に役員であった者も、廃業・解散の届出の日から5年間は免許を受けることはできません。 |

ココに注意！

宅建業者が業務停止処分の聴聞の期日および場所が公示された日から、処分が決定するまでの間に、相当の理由なく廃業の届出を行ったとしても、聴聞の目的が免許取消処分ではないため、廃業の届出の日から5年経過しなくても、免許は受けられます。ここは試験でもヒッカケとなるポイントなので要注意です。

❸一定の刑罰を受けた者

犯罪者、禁錮以上の刑を受けた者も欠格事由に該当します。宅建業法に違反した場合は、罰金刑であっても欠格事由になる点にも注意しましょう。

1.罰金刑

ア. 宅建業法に違反

イ. 暴力団員による不当な行為の防止等に関する法律に違反

ウ. 暴力行為等処罰に関する法律に違反

エ. 刑法の傷害罪、現場助勢罪、暴行罪、脅迫罪、凶器準備集合および結集罪、背任罪などに該当

☆イメージとしては暴力的な犯罪と背任罪です。

2.禁錮以上の刑　罪状は問わない

⇒これらの者は**刑の執行が終わってから、または執行を受けることがなくなった日から5年**を経過しない者は、免許を受けられません。

	軽い					重い
	科料	拘留	罰金	禁錮	懲役	死刑

罰金刑以上の刑
宅建業法違反・暴力的な犯罪など　　　　罰金以上は免許を受けられない

禁錮以上の刑
どのような犯罪でも　　禁錮以上は免許を受けられない

こんな場合はどうなる？

①執行猶予がついた場合

執行猶予
です

免許を受けることはできません。

執行猶予期間中は、刑の執行を受ける可能性があるので、欠格事由にあたり、免許を受けることはできません。しかし、**執行猶予期間が満了したら、直ちに免許**を受けられます（5年の欠格期間はありません）。

②上訴中（控訴・上告）の場合

上告中

裁判所

免許を受けることができます。

裁判が上訴中の場合は、まだ刑が確定しているわけではないため、下級審で懲役刑の判決を受けたとしても、それだけでは欠格事由とはなりません。ただし、免許を受けたとしても懲役刑が確定すると免許取消しになります。

❹過去に不正な行為をした者、今後しそうな者

過去の不正行為や今後の行いなどについても、厳しくチェックされます。

ア. 免許の申請前5年以内に宅建業に関し、不正または著しく不当な行為をした者

イ. 宅建業に関し、不正または不誠実な行為をするおそれが明らかな者

❺暴力団員等

暴力団員等も宅建業の免許を
受けることはできません。

ア. 暴力団員、または暴力団員でなくなった日から5年
を経過しない者

イ. 暴力団員等がその事業活動を支配する者

❻法人の役員や政令使用人が欠格事由に該当

欠格…

会社等の法人の役員（非常勤も含む）または政令で定め
る使用人でp24-29❶～❺の欠格事由に該当している者
が1人でもいる場合

例) 役員が禁錮以上の刑を受け、刑の執行が終わった日
から5年を経過していない場合

ココに注意！

免許を受けようとする者が個人の場合でも、政令で定める使用人が欠格事由に該当していると免許は受けられません。また、法人の役員には非常勤も含まれます。

❼その他

宅建士を
設置していない

ウソ

書類に
虚偽の記載がある

ア. 専任の宅建士を設置していない場合
⇒宅建業者は事務所において従業者の5人に1人以上
の成年者である専任の宅建士を設置する必要があ
ります。宅建士は免許の申請前に用意しておく必
要があります。

イ. 免許申請書や添付書類に虚偽の記載がある
⇒当然、免許は受けられません。

■未成年者の扱いについて

18歳未満で、成年者と同一の行為能力を有しない者（法定代理人からの営業許可のない者）が、宅建業を営む場合、親などの法定代理人の同意が必要です。そのような場合、法定代理人がp24-29❶～❺の欠格事由に該当していたら、宅建業の免許は受けられません。こうした未成年者の取引には法定代理人の影響が強いと考えられるからです。

☆法定代理人から営業の許可を受けている未成年者は、営業に関し成年者と扱われるので、法定代理人が、p24-29❶～❺の欠格事由に該当していても、宅建業の免許を受けることができます。

過去問を解こう

過去問 ①

（平成22・問27-1）

 法人の宅地建物取引業者Aの役員のうちに、破産手続開始の決定がなされた後、復権を得てから5年を経過しない者がいる場合、Aは、免許を受けることができない。

   法人である宅建業者Aの役員が破産してから復権を得ていれば、欠格事由に該当しないため、A社は免許を受けられます。復権を得てから5年を待つ必要はないのです。しかし、A社の役員や政令で定める使用人に破産者で復権を得ていない者がいれば、欠格事由に該当するため、免許を受けることはできません。

過去問 ②

（平成27・問27-1）

 宅地建物取引業者A社は、不正の手段により免許を取得したことによる免許の取消処分に係る聴聞の期日及び場所が公示された日から当該処分がなされるまでの間に、合併により消滅したが、合併に相当の理由がなかった。この場合においては、当該公示の日の50日前にA社の取締役を退任したBは、当該消滅の日から5年を経過しなければ、免許を受けることができない。

○ 不正の手段で免許を取得し、免許取消処分がなされるまでの間に、合併により宅建業者A社が消滅しても、消滅した法人で聴聞の公示の日前60日以内に役員だった者は、法人の消滅から5年を経過しなければ、免許を受けられません。この場合は、処分逃れの廃業にあたります。

過去問 ③

（平成27・問27-2）

Q 宅地建物取引業者A社の政令で定める使用人Bは、刑法第234条（威力業務妨害）の罪により、懲役1年、執行猶予2年の刑に処せられた後、A社を退任し、新たにC社の政令で定める使用人に就任した。この場合においてC社が免許を申請しても、Bの執行猶予期間が満了していなければ、C社は免許を受けることができない。

 ○ 懲役刑（禁錮以上）は、欠格事由に該当します。また、執行猶予期間内なのでBは欠格者にあたり、Bを新たにC社の政令で定める使用人に就任させたC社は免許を受けられません。

過去問 ④

（平成27・問27-3）

Q 営業に関し成年者と同一の行為能力を有しない未成年者であるAの法定代理人であるBが、刑法第247条（背任）の罪により罰金の刑に処せられていた場合、その刑の執行が終わった日から5年を経過していなければ、Aは免許を受けることができない。

 ○ 成年者と同一の行為能力を有しない未成年者の場合は、法定代理人が欠格事由に該当していれば、宅建業の免許を受けることはできません。未成年者Aの法定代理人が背任罪で罰金刑を受けた場合、刑の執行を終えてから5年を経過していなければ、Aは免許を受けられません。

9 事務所と案内所等

［1］事務所と案内所の違い

2 宅建業法上の事務所（p12参照）のほか、宅建業者が宅建業に関連する業務を営む場所として、マンションのモデルルームや現地販売センターなどがあります。このような場所のことを案内所等といいます。案内所は事務所とは異なり、特定の物件しか扱えません。

 **事務所** 本店や支店、営業所のこと

本店

支店

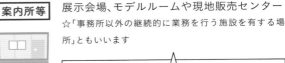 **案内所等** 展示会場、モデルルームや現地販売センター
☆「事務所以外の継続的に業務を行う施設を有する場所」ともいいます

申込み・契約をする案内所と、しない案内所の2パターンがあります。

■案内所を設置する場合

申込みや契約をするなど一定の案内所には、成年者である専任の宅建士を1人以上置く必要があります。複数の業者で共同で宅建士を設置する場合も1人置けば足ります。

［2］案内所等の届出

案内所等で契約したり、申込みを受ける場合、**業務開始の10日前までに、免許権者とその案内所の所在地の知事の両方に、届出が必要**となります。

☆案内所は、一団（10戸以上、10区画以上）を扱う場合のみ、届出が必要です。

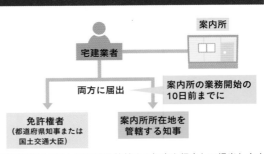

案内所

宅建業者

両方に届出

案内所の業務開始の10日前までに

免許権者（都道府県知事または国土交通大臣）

案内所所在地を管轄する知事

☆案内所の届出は、所在地を管轄する知事を経由して提出します。

 ココに注意！

契約や申込みを受けない案内所等であれば届出は不要です。たとえば、物件のチラシを置くだけの案内所などです。ただし、テント張りのように簡易な案内所であっても、そこで一団の物件について、契約を締結したり申込みを受ける場合は、届出が必要です。

こんな場合はどうなる？

●東京都に本社のある宅建業者が 千葉県に専任の宅建士を置く案内所を出す場合

都道府県知事免許

免許権者（東京都知事）と案内所の所在地の知事（千葉県知事）の両方に届出が必要です。東京都知事には千葉県知事を経由して届出をします。

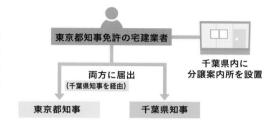

国土交通大臣免許

免許権者（国土交通大臣）と案内所の所在地の知事の両方に届出が必要です。免許権者（大臣）には、案内所の所在地の知事を経由して届出をします。

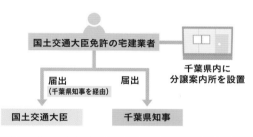

過去問を解こう

（平成21・問28-3）

宅地建物取引業者A（国土交通大臣免許）は、宅地建物取引業法第50条第2項の規定により同法第31条の3第1項の国土交通省令で定める場所について届出をする場合、国土交通大臣及び当該場所の所在地を管轄する都道府県知事に、それぞれ直接届出書を提出しなければならない。

  ✕

「宅建業法31条の3第1項の国土交通省令で定める場所」とは、事務所以外で専任の宅建士を設置する案内所等のことです。国土交通大臣への案内所等の届出は、案内書所在地の知事経由で行う必要があります。国土交通大臣に直接届出はしません。

［3］事務所と案内所等に備え付けるもの

❶報酬額の掲示

宅建業者は事務所ごとに、公衆の
見やすい場所に、国土交通大臣が
定めた報酬の額を掲示しなければ
なりません。

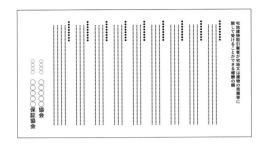

❷従業者名簿の備付け

宅建業者は事務所ごとに、従業者名簿を備える必要があります。

従業者名簿の記載事項
①従業者の氏名
②従業者証明書番号
③生年月日
④主たる職務内容
⑤宅建士であるかどうか
⑥従業者となった年月日、従業者でなくなった
　ときの年月日
☆アルバイトも従業者名簿に記載する必要があります。

ココに注意！

従業者名簿の記載事項に、従業者の住所や本籍は含まれていません。
また、氏名は旧姓を併記することもできます。

保存期間　最終の記載をした日から10年間

閲覧の義務　宅建業者は取引の関係者から請求があったときは、従業者名簿を閲覧させ
る義務があります。パソコンで保存しているデータを出力したものや、パソ
コンのディスプレイで表示をして閲覧してもらうことも可能です。

❸帳簿の備付け

宅建業者は事務所ごとに、業務に関する帳簿を備え、**取引のあったつど**、国土交通省令で定める下記の事項を記載する必要があります。パソコン上でデータを記録することも可能です。

帳簿の記載事項
①取引の年月日
②取引に係る宅地・建物の所在・面積
③その他国土交通省令で定める事項
　取引態様の別、取引に関与した他の宅建業者の商号・名称、報酬の額　など

| 保存期間 | 帳簿の閉鎖後**5年間**。帳簿は事業年度ごとに作成し、各事業年度の末日で閉鎖します。宅建業者が自ら売主となる新築住宅の場合は、閉鎖後**10年間**。 |

ココに注意!

従業者名簿の場合は、取引の関係者から請求があったときには閲覧させる義務がありますが、帳簿については、閲覧させる義務はありません。

❹標識の掲示

事務所ごとに標識の掲示が義務づけられています。標識は、宅建業者（正式に免許を受けている業者）であることの証明と考えておくとよいでしょう。

☆標識は事務所と案内所等で各種の様式があります。

宅地建物取引業者票	
免 許 証 番 号	東 京 都 知 事（1）第 ×××××号
免 許 有 効 期 間	令和元年○月○日から 令和6年○月○日まで
商 号 又 は 名 称	株式会社　○×不動産
代 表 者 氏 名	代表取締役　×××××
この事務所に置かれている 専任の宅地建物取引士の氏名	×××××
主たる事務所の所在地	東 京 都 ×××××××××××××××× 電 話 番 号 ○○○○○○○○○○○○

ココに注意!

宅建業の免許証は、事務所に掲示する必要はありません。

	❶報酬額の掲示	❷帳簿	❸従業者名簿	❹標識の掲示	❺専任の宅建士
事務所	○	○	○	○	○ ☆5人に1人以上
案内所等 （契約する）	×	×	×	○	○ ☆1人以上
案内所等 （契約しない）	×	×	×	○ ☆契約しない場合でも、標識の掲示は必要	×
物件の所在地 （一団の宅地建物を分譲する場合）	×	×	×	○	×

こんな場合はどうなる？

●宅建業者A（千葉県知事免許）が建てた千葉県内の1棟50戸のマンションを、宅建業者B（国土交通大臣免許）に一括して販売代理を依頼し、Bがマンションの近くに案内所を設置して契約する場合

例）千葉県内にマンションと案内所がある場合

宅建業者A　→ 販売代理を依頼 →　宅建業者B
（売主業者）　　　　　　　　　　（代理業者）

●マンション所在地

マンション

売主である宅建業者Aが標識を掲示します。免許権者等への届出は不要です。

●マンション案内所

マンション案内所

宅建業者Bが案内所に標識を掲示します。Bが専任の宅建士を置いて、免許権者等（千葉県知事と知事を経由して国土交通大臣）に届出をします。

①案内所等の届出義務

届出義務は宅建業者Bにあります。

届出義務は案内所を設置した宅建業者にあるので、宅建業者Aに届出義務はありません。一方、宅建業者Bは、免許権者である国土交通大臣と案内所の所在地の千葉県知事に届出をする必要があります。

②専任の宅建士の設置

この案内所には専任の宅建士を設置する必要があります。

契約をする案内所となるので、宅建業者Bは、少なくとも1人以上の専任の成年者である宅建士を置く必要があります。

③標識の掲示等

マンション、案内所ともに掲示の必要があります。

案内所を設置した宅建業者Bには、案内所に標識の掲示義務があります。マンションの分譲業者（売主業者）である宅建業者Aは、マンションの所在地に標識の掲示義務があります。

☆案内所の標識

⑩ 従業者証明書

宅建業者は従業者に対して、従業者証明書を携帯させる義務があります。

従業者には正社員のほか、社長、役員（非常勤も含む）、パートやアルバイトも含まれます。取引関係者から請求があったとき、従業者は従業者証明書を提示する必要があります。
☆宅建士証で代替はできません。

宅地建物取引士

講義3

宅建業者には、その事務所や案内所等に従業者数によって、
一定数の成年者である専任の宅建士の設置が義務づけられています。
また、宅建士にしかできない3つの事務もあります。
宅建士には宅地・建物の取引に深く関与するという
社会的使命が与えられており、
専門家として欠かせない存在なのです。

1 宅地建物取引士

宅建士（宅地建物取引士）とは、宅建士証の交付を受けた人のことです。宅建士試験に合格しただけでは、まだ実務はできません。宅建士として仕事をするには、次のような手続きが必要です。

［1］宅建士になるまでのステップ

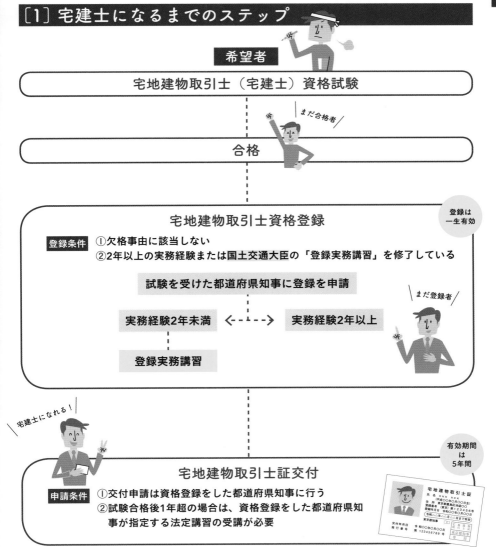

希望者

宅地建物取引士（宅建士）資格試験

まだ合格者

合格

宅地建物取引士資格登録

登録は一生有効

登録条件　①欠格事由に該当しない
②2年以上の実務経験または国土交通大臣の「登録実務講習」を修了している

試験を受けた都道府県知事に登録を申請

まだ登録者

実務経験2年未満 ←----→ **実務経験2年以上**

登録実務講習

宅建士になれる！

宅地建物取引士証交付

有効期間は5年間

申請条件　①交付申請は資格登録をした都道府県知事に行う
②試験合格後1年超の場合は、資格登録をした都道府県知事が指定する法定講習の受講が必要

39

［2］宅建士の責務

宅建業法では、宅建士に次の3つの責務が定められています。

❶業務処理の原則

宅地建物取引士は、宅地建物取引業の業務に従事するときは、宅地又は建物の取引の専門家として、購入者等の利益の保護及び円滑な宅地又は建物の流通に資するよう、公正かつ誠実に宅地建物取引業法に定める事務を行うとともに、宅地建物取引業に関連する業務に従事する者との連携に努めなければならない。

❷信用失墜行為の禁止

宅地建物取引士は、宅地建物取引士の信用又は品位を害するような行為をしてはならない（必ずしも職務に関する行為だけでなく、私的行為についても同じ）。

❸知識及び能力の維持向上

宅地建物取引士は、宅地又は建物の取引に係る事務に必要な知識及び能力の維持向上に努めなければならない。

2 宅建士しかできない業務

次の3つは、宅建士しかできない業務（法定事務）です。

［1］宅建士しかできない3つの業務

❶重要事項の説明
❷重要事項説明書
　（35条書面）に記名
❸契約の内容等を記載した
　書面（37条書面）に記名

ココに注意！

パートやアルバイトの宅建士であっても、宅建士としての仕事はすべてできます。仕事内容は、専任（常勤）の宅建士と違いはありません。

3 成年者である専任の宅建士の設置義務

事務所や契約をする案内所には、それぞれ一定数の成年者である専任の宅建士を設置する義務があります。

[1]「成年者」と「専任」の意味

宅建業者は、事務所や契約をする案内所等(以下「事務所等」といいます)には、それぞれ一定数の成年者である専任の宅建士を設置する義務があります。
この「成年者である専任の宅建士」とは以下の要件を満たしている宅建士をいいます。

成年者	・18歳以上の者

専任	・その勤務する場所に常勤し、専ら宅建業に従事する者

☆テレワーク等での勤務も可

[2] 専任の宅建士の設置

事務所

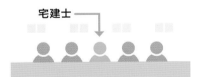

案内所等

事務所には**5人に1人以上の割合**で成年者である専任の宅建士を設置する必要があります。

契約などを行う案内所等においては、少なくとも**1人以上**の専任の宅建士を設置します。

例)「6人以上の事務所」なら、2人以上の宅建士が必要です

●**本店において業務に従事する者が36人、支店14人、**
　申込みや契約などを行う一定の案内所8人の場合

専任の宅建士は本店8人、支店3人、案内所に1人以上必要です。

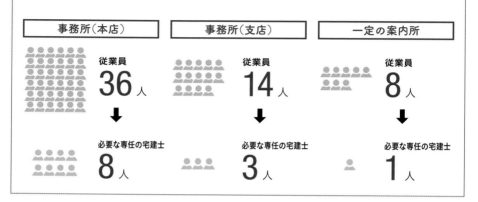

［3］成年者である専任の宅建士とみなされる者（みなし宅建士）

自らが宅建業者または法人の役員の宅建士の場合は、その者が成年者である専任の宅建士とみなされます。なお、本来であれば「成年者」とはならない未成年者の宅建士であっても、法人の役員であれば、この規定により、成年者である専任の宅建士とみなされます。

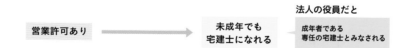

ココに注意！

・監査役も役員ですが、監査役が宅建士でも専任の宅建士とはみなされません。

［4］設置の時期

❶最初に事務所を設置するとき

最初から法定数の専任の宅建士を設置する必要があります。

❷既存の事務所で、専任の宅建士の数が不足したとき

専任の宅建士が不足した場合は、宅建業者が**2週間以内に補充**する必要があります。補充した後は、その旨を**30日以内に免許権者に届け出**なければなりません。

●宅建士の設置義務は宅建業者にある

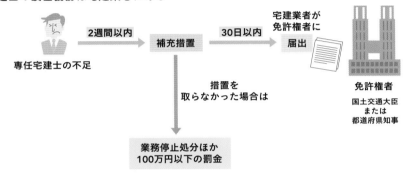

専任宅建士の不足 — 2週間以内 → 補充措置 — 30日以内 → 宅建業者が免許権者に 届出

免許権者
国土交通大臣
または
都道府県知事

措置を
取らなかった場合は

業務停止処分ほか
100万円以下の罰金

過去問を解こう

（平成24・問36-1・改）

> **Q** 宅地建物取引業者A社は、その主たる事務所に従事する唯一の専任の宅地建物取引士が退職したときは、30日以内に、新たな専任の宅地建物取引士を設置しなければならない。

  × 専任の宅建士が不足した場合、宅建業者は2週間以内に成年者である専任の宅建士を補充しなければなりません。30日以内というのは、補充後に行う変更の届出の期限なので間違えないようにしましょう。

4 宅建士の欠格事由

宅建業免許と同様に、宅建士にも欠格事由があります。1つでも該当していれば、宅建士の登録はできません。宅建業免許と共通の項目も多いのですが、宅建士の資格登録に特有の欠格事由も設けられています。

［1］欠格事由の種類

■免許の欠格事由と共通

次に該当する人は、宅建士としての登録を受けることはできません。

❶適正に宅建業を営めない者、破産者で復権を得ない者

適正に宅建業を営めない者

心身の故障により、宅地建物取引業を適正に営むことができない者として国土交通省令で定めるものは免許を受けることができません。

破産者で復権を得ない者

破産手続の開始決定後、復権を得なければ登録を受けることはできません（破産者は復権を得れば、直ちに登録を受けられます。復権を得てから、5年を待つ必要はありません）。

❷宅建業において不正をはたらいた者

三大悪事で免許を取り消された者

「三大悪事」とよばれる次のいずれかの理由によって免許を取り消され、その**取消しの日から5年を経過**していない者。聴聞の期日および場所の公示の日前60日以内に役員であった者も同じです。

> **宅建業免許の三大悪事（p25参照）**
> ①不正の手段により免許を取得した
> ②業務停止処分に該当する行為をして情状が特に重い
> ③業務停止処分に違反して宅建業を行った
> ⇒①〜③の理由で免許取消し

処分逃れのための廃業・解散

三大悪事に係る免許取消しの処分逃れのために廃業の届出から5年を経過していない者。処分逃れのための廃業の会社で、聴聞の公示の日前60日以内に役員だった者も同じです。

❸一定の刑罰を受けた者

下記の刑に処せられ、刑の執行が終わってから、または執行を受けることがなくなった日から5年を経過していない者。

1.罰金刑

ア.宅建業法に違反
イ.暴力団員による不当な行為の防止等に関する法律に違反
ウ.暴力行為等処罰に関する法律に違反
エ.刑法の傷害罪、現場助勢罪、暴行罪、凶器準備集合および
  結集罪、脅迫罪、背任罪に該当

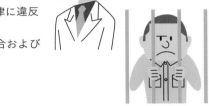

2.禁錮以上の刑　罪状は問わない

■宅建士特有の欠格事由

❶未成年者

未成年者の取扱いは、「宅建業免許」と「宅建士登録」では異なります。成年者と同一の行為能力を有しない未成年者(営業の許可なし未成年者)は、宅建士として登録ができないので、宅建士試験に合格しても宅建士にはなれません。

	宅建業免許	宅建士登録	専任の宅建士	一般の宅建士
成年者と同一の行為能力を有する未成年者 (営業許可を受けている)	○	○	基本的に ✕ ☆みなし宅建士 (p42参照)は○	○
成年者と同一の行為能力を有しない未成年者	条件付きで可能	✕	✕	✕

❷違反行為による登録消除処分を受けている場合

違反行為による登録消除処分
①不正の手段により登録または宅建士証の交付を受けた
②事務禁止事由に該当し、情状が特に重い
③事務禁止処分に違反した
④宅建士資格者が、宅建士の事務を行い、情状が特に重い

⇒①〜④のいずれかの理由により登録消除処分を受け、その処分の日から5年を経過しない者は登録を受けることはできません。

☆宅建士資格者とは、登録を受けているが宅建士証の交付を受けていない者のことです。

ココに注意！

違反行為による登録の消除に係る聴聞の公示の日から、処分決定の日までに、正当な理由なく自ら登録の消除の申請をしてきた者は「処分逃れのための消除」とみなされ、欠格事由に該当します。この場合も、登録が消除された日から5年を経過しなければ、登録を受けられません。

❸事務禁止処分の期間中に、自ら登録の消除をした者

宅建士の事務禁止処分は最長で1年間です。定められた事務禁止処分の期間が満了しないうちに、自ら登録を消除すると、登録は受けられません。ただし、事務禁止期間を経過すれば、直ちに登録が受けられるので、禁止期間の満了から5年待つ必要はありません。

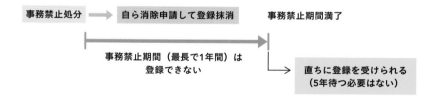

過去問を解こう

過去問①
（平成23・問29-2・改）

 宅地建物取引士が、刑法第204条の傷害罪により罰金の刑に処せられ、登録が消除された場合は、当該登録が消除された日から5年を経過するまでは、新たな登録を受けることができない。

   傷害罪による罰金刑の場合、「登録が消除された日」からではなく、「刑の執行が終わってから、または執行を受けることがなくなった日」から5年を経過しないと、宅建士として登録を受けることはできません。

過去問②
（平成23・問29-1・改）

 不正の手段により免許を受けたとしてその免許の取消しを受けた法人において役員ではない従業者であった者は、当該免許取消しの日から5年を経過しなければ、宅地建物取引士の登録を受けることができない。

  免許の取消しを受けた法人において役員だった者は、欠格事由に該当するので、当該取消しの日から5年間を経過しなければ登録を受けられません。この問題の場合、役員ではなく従業者であった者なので、宅建士の登録を受けることができます。

過去問③
（平成22・問30-4・改）

 甲県知事から宅地建物取引士証の交付を受けている者が、宅地建物取引士としての事務を禁止する処分を受け、その禁止の期間中に本人の申請により登録が消除された場合は、その者が乙県で宅地建物取引士資格試験に合格したとしても、当該期間が満了しないときは、乙県知事の登録を受けることができない。

   事務禁止処分の期間中に宅建士本人の申請により登録が消除された場合、事務禁止期間が満了するまで登録を受けることはできません。他県である乙県で宅建士試験に合格しても、登録は受けられません。

5 資格の登録と宅建士証

宅建士の登録は、宅建士試験の合格地の都道府県知事に対して行います。登録が完了すれば、宅建士証の交付手続きに入ります。

［1］登録

登録時には、宅建士（宅地建物取引士）資格登録簿に一定の事項を登載します。登録するには2年以上の実務経験が必要ですが、実務経験がない場合は、国土交通大臣の登録を受けた機関が行う「登録実務講習」を修了すれば登録できます。

> **宅建士資格登録簿の登載事項**
> ①氏名
> ②生年月日
> ③住所
> ④本籍
> ⑤性別
> ⑥試験の合格年月日および合格証書番号
> ⑦宅建業者の業務に従事している場合は、宅建業者の商号または名称と免許証番号
> ⑧登録番号、登録年月日

ココに注意!

宅建士資格登録簿には個人情報が登載されているため、宅建業者名簿と異なり、一般の閲覧には供されません。ただし、専任の宅建士は、氏名が宅建業者名簿に登載されるので、宅建業者名簿の閲覧により、結果的に氏名が一般の閲覧に供されることになります。

過去問を解こう

（平成28・問38-エ）

Q 宅地建物取引士の氏名等が登載されている宅地建物取引士資格登録簿は一般の閲覧に供されることはないが、専任の宅地建物取引士は、その氏名が宅地建物取引業者名簿に登載され、当該名簿が一般の閲覧に供される。

A ○ 宅建士資格登録簿は一般の閲覧に供されることはありません。しかし、専任の宅建士は宅建業者名簿に氏名が登載されるため、宅建業者名簿の閲覧により、結果的に氏名が一般の閲覧に供されることになります。

［2］変更の登録

登録をしている者は、宅建士資格登録簿の登載事項（p48[1]の①③④⑦）に変更が
あったときは、**遅滞なく、登録をしている都道府県知事に、変更の登録を申請しな
ければなりません。**

☆事務禁止処分期間中であっても登載事項に変更があったときには、変更の登録についての申請が必要です。

ココに注意！

免許証番号は、従事している宅建業者が免許換えを行った場合は、必ず変
更になります。したがって、勤務先で免許換えがあった場合には、宅建士
の資格登録についても、遅滞なく変更の届出が必要になるのです。

［3］宅建士証（宅地建物取引士証）

❶宅建士証の交付申請

登録の完了後、登録をしている都道府県知事に宅建士証の交付申請書を提出して、交付の申
請をします。宅建士証があれば、全国どこでも宅建士としての仕事をすることが可能です。

❷法定講習の受講義務

宅建士証の交付を受けようとする者は、登録をし
ている**都道府県知事が指定する**法定講習で、交付
の申請前6カ月以内に行われるものを受講しなけ
ればなりません。

●法定講習と登録実務講習の違い

講習の種類	内容	受講時期	実施者
法定講習	宅建士証の交付や更新申請をする宅建士が、最新の法律改正などについて学ぶための講習	資格登録後	都道府県知事が指定
登録実務講習	2年以上の実務経験のない宅建士試験合格者が、宅建士として登録を受けるための講習	資格登録前	国土交通大臣の登録を受けた者

ココに注意！

宅建業免許の更新申請は、有効期間満了90日前から30日前までにする必要がありますが、宅建士証の更新申請に期間の制限はありません。宅建士証の交付申請をするのであれば、申請前6カ月以内に法定講習を受講すればよいのです。

ココに注意！

試験に合格した日から1年以内に、宅建士証の交付を受けようとする者は法定講習が免除されます。

❸宅建士証

有効期間 **5年**

⇒宅建士証の更新申請が行われた場合、新しい宅建士証の交付は、現在持っている宅建士証と引換えで行われます。

記載事項

住所は記載。本籍・勤務先は記載されません。

⇒氏名や住所が変わった場合は、変更の登録とともに宅建士証の書換え交付の申請を遅滞なく行う必要があります。

☆旧姓の併記も認められます。

宅地建物取引士証
氏　名　×××　×××
　　　　（平成〇〇年〇月〇〇日生）
住　所　東京都豊島区池袋〇〇
登録番号　（東京）第１２３４５６号
登録年月日　令和〇〇年〇月〇〇日
令和△△年△△月△△日まで有効

東京都知事　□□

交付年月日　令和〇〇年〇月〇〇日
発行番号　第１２３４５６７８９号

宅地建物
取引士証
東京都知事
専用

❹宅建士証の提示義務

重要事項説明の場合は、説明の相手方に必ず提示します。重要事項説明時以外でも、取引の関係者から請求があれば提示する必要があります。

☆住所の欄は、容易にはがせるシールを貼って隠して提示することができます。

ココに注意！

重要事項説明時に宅建士証を提示しなかった場合には、10万円以下の過料に処せられます。

❺再交付の申請

宅建士証を亡失、滅失、汚損または破損したなどの場合は、再交付の申請ができます。

ココに注意！

宅建士証の亡失により再交付を受けた後において、亡失した宅建士証を発見した場合、速やかに、発見した宅建士証を、交付を受けた都道府県知事に返納しなければなりません。返納するのは再交付を受けたほうの宅建士証ではありませんので注意しましょう。

❻返納と提出

返納と提出は、**宅建士証の交付を受けた都道府県知事に行う**必要があります。

①**返納が必要な場合**
・登録が消除されたとき
・宅建士証の効力を失ったとき
・亡失した宅建士証を発見したとき
⇒宅建士証を**速やかに返納**しなければなりません。

②**提出が必要な場合**
宅建士が事務禁止処分を受けたとき
⇒宅建士証を**速やかに提出**しなければなりません。

ココに注意！

宅建士証を返納、提出しなかった場合には、10万円以下の過料に処せられます。

こんな場合はどうなる？

●事務禁止期間が満了したときの宅建士証は？

返してもらえます。

宅建士証の提出を受けた都道府県知事は、提出者から返還の請求があった場合、直ちに宅建士証を返還しなければなりません。つまり、提出した宅建士証は請求しないと返してもらえないのです。

返してください

ココに注意！

「返納」は一度返却したら返ってきませんが、「提出」はいったん返却することです。意味の違いに注意しましょう。

過去問を解こう

＼過去問 ①／

（令和2（10月）・問34-3）

 Q 宅地建物取引士は、従事先として登録している宅地建物取引業者の事務所の所在地に変更があったときは、登録を受けている都道府県知事に変更の登録を申請しなければならない。

  A ✕ 宅建士として登録を受けている者は、氏名、本籍、住所、勤務先の宅建業者の名称や免許番号等に変更があった場合は、遅滞なく変更の登録をする必要があります。しかし、勤務先の宅建業者の所在地の変更については、変更の登録の申請は不要です。

＼過去問 ②／

（平成19・問31-4・改）

Q 甲県知事から宅地建物取引士証の交付を受けている宅地建物取引士が、宅地建物取引士証の亡失によりその再交付を受けた後において、亡失した宅地建物取引士証を発見したときは、速やかに、再交付された宅地建物取引士証をその交付を受けた甲県知事に返納しなければならない。

 A ✕ 亡失により宅建士証の再交付を受けた場合、亡失した宅建士証を発見したら、速やかに発見したほうの宅建士証を返納する必要があります。再交付されたほうの宅建士証ではありません。

［4］登録の移転

転勤などで、現在登録している都道府県とは別の都道府県の業者に勤務をすることになったときに、登録の移転を申請することが認められています。たとえば、東京都知事の登録から千葉県知事への登録に移転することが可能です。

❶移転手続き

移転手続きは、現在登録をしている都道府県知事を経由して、移転先の事務所の所在地を管轄している都道府県知事に対して申請します。登録の移転についてはあくまでも**任意であって、義務ではありません**。なお、住所を変更しても、登録の移転はできません。登録の移転は、あくまでも勤務先が変わったときだけです。

●千葉県知事登録の宅建士が神奈川県知事に登録の移転をする場合

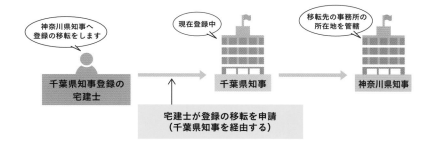

ココに注意！

登録の移転の申請の場合は、現在登録している都道府県知事を経由して、移転先の知事に申請をします。免許換えのように、直接申請はできません。

ココに注意！

事務禁止期間中は、宅建士として重要事項説明などの事務を行うことだけでなく、登録の移転の申請もできなくなります。

❷登録の移転に伴う宅建士証の有効期間

登録の移転をすると、従前の宅建士証は失効します。移転後の都道府県知事から新しい宅建士証が交付されますが、**有効期間は従前の宅建士証を引き継ぎ、残りの期間(残存期間)のみ**になります。

こんな場合はどうなる？

●2年経過した時点で登録の移転をした場合

移転後の宅建士証の有効期間は3年(5年から2年引いた期間)となります。
新たに5年とはならないので注意してください。

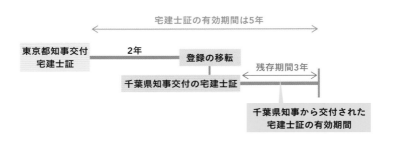

過去問を解こう ╱   (令和4・問33-エ)

 甲県知事登録の宅地建物取引士が、乙県へ登録の移転の申請とともに宅地建物取引士証の交付を申請した場合、乙県知事が宅地建物取引士証を交付するときは、甲県で交付された宅地建物取引士証の有効期間が経過するまでの期間を有効期間とする宅地建物取引士証を交付しなければならない。

  登録の移転をした場合、従前の宅建士証の有効期間が新しい宅建士証に引き継がれます。

6 死亡等の届出

宅建士の登録を受けているものが死亡・破産等した場合、所定の者が一定の期日までに登録している都道府県知事に届け出なければなりません。

届出事由	届出義務者	届出期限
死亡	相続人	死亡の事実を知った日から30日以内
心身の故障により宅建士の事務を適正に行うことができない者として、国土交通省令で定めるものとなった場合	本人またはその法定代理人もしくは同居の親族	その日から30日以内
破産者で復権を得ない者	本人	その日から30日以内
一定事由により免許を取り消された場合（P44❷参照）	本人	その日から30日以内
一定の罪により罰金刑または禁錮以上の刑に処せられた場合、暴力団員等になった場合	本人	その日から30日以内

ココに注意！

宅建士は個人の資格となるので、破産者になった場合は、「破産管財人」ではなくて、「本人」が届け出ることになります。宅建業者の届出の場合とは異なりますので注意を！

過去問を解こう (平成25・問44-ア・改)

 宅地建物取引士の資格登録を受けている者は、登録事項に変更があった場合は変更の登録申請を、また、破産手続開始の決定を受けた者となった場合はその旨の届出を、遅滞なく、登録している都道府県知事に行わなければならない。

  登録事項に変更があった場合は、遅滞なく、変更の登録の申請が必要です。しかし、登録を受けている者が破産手続開始の決定を受けた者となった場合は、その日から30日以内に、登録している都道府県知事に届け出る必要があります。

営業保証金と保証協会

営業保証金制度、保証協会が行う弁済業務保証金制度は、
宅建業者と取引をした消費者が、
万が一、取引で金銭トラブルが起きたときに、
優先的に弁済を受けられる制度のことです。
ここでは営業保証金制度や、
保証協会制度の内容を解説していきます。

１ 営業保証金制度とは

不動産の取引には高額な金銭のやり取りが発生します。そこで、取引をした相手方が損害を受けた場合に備え、宅建業者に現金または有価証券を営業保証金として供託させ、万が一のときに保証金として取引相手に弁済（還付）をできるようにしているのが、営業保証金制度です。

［１］営業保証金の供託と届出

宅建業者は、営業保証金を供託して届け出なければ業務を開始できません。

①**免許の取得**：宅建業の免許を取得する
②**営業保証金の供託**：すべての事務所分の営業保証金を、主たる事務所(本店)の最寄りの供託所に供託する
③**届出**：供託書の写しを添付して、供託した旨を免許権者に届け出る
④**開業**：業務の開始

ココに注意！

試験では順番を問われることが多いので、免許→供託→届出→開業の順で覚えましょう。「届出」は忘れがちなので注意してください。

①宅建業者が供託した旨の届出をしなかった場合

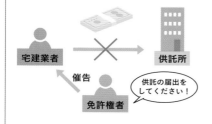

免許権者から催告を受けます。

免許を受けた日から3カ月以内に供託した旨の届出をしなかった場合は、免許権者から「必ず」催告を受けます。催告が到達してから1カ月以内に届出をしなかった場合、免許権者は、その宅建業者の免許を取り消すことができます（取消しは任意）。

②宅建業者が届出をしないで業務を開始した場合

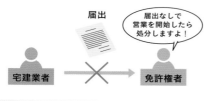

免許の取消処分、罰金刑になることもあります。

情状が特に重い場合は免許取消処分を受ける場合があるほか、6カ月以下の懲役もしくは100万円以下の罰金刑またはこれを併科されることがあります。

ココに注意！

営業保証金は、支店の分も含め全て、主たる事務所（本店）の最寄りの供託所に供託します。各事務所（支店）の最寄りの供託所ではないので注意しましょう。

ココに注意！

宅建業者が新たに事務所を設置したときは、新たな事務所分の営業保証金を主たる事務所の最寄りの供託所に供託し、免許権者に届け出ることが必要です。この手順をふまないと、新たな事務所での業務を開始できません。

新たに宅地建物取引業を営もうとする者は、営業保証金を金銭又は国土交通省令で定める有価証券により、主たる事務所の最寄りの供託所に供託した後に、国土交通大臣又は都道府県知事の免許を受けなければならない。

  営業保証金を主たる事務所の最寄りの供託所に供託する前に、免許を受けなければなりません。

［2］営業保証金の額

営業保証金の額は、主たる事務所（本店）、その他の事務所（支店）とで異なります。

❶主たる事務所（本店）⇒ 1,000万円
❷その他の事務所（支店）⇒ 各500万円

例）本店と支店4つの場合

ココに注意！

 事務所とはならない案内所等には、営業保証金は不要です。

供託方法は3つ

①金銭

②有価証券

③金銭+有価証券

有価証券による供託の評価額は、金銭と異なります

①国債証券

額面の
100%

②地方債証券・政府保証債証券

額面の
90%

③その他省令で定める有価証券

額面の
80%

ココに注意！

その他省令で定める有価証券には、手形、小切手などは含まれません。

＼過去問を解こう／

（平成24・問33-1）

宅地建物取引業者A社が地方債証券を営業保証金に充てる場合、その価額
は額面金額の100分の90である。

A ◯ 有価証券による供託の場合、地方債証券だと額面の
90％になります。

② 営業保証金の還付

宅建業に関する取引で相手方に損害を与えてしまった場合、相手方は営業保証金から、宅建業に関する取引で生じた損害賠償などの債権につき、還付を受けることができます。営業保証金は供託所から相手方に還付されます。ただし、宅建業者は損害を受けても、還付を受けられません。

［1］還付の対象

| 還付を受けられる者 | 還付を受けられるのは | 還付の限度額 |

宅建業者と宅建業に関して取引をした者（宅建業者は除く）

宅建業に関する取引で生じた債権（損害）のみ

還付の限度額は、宅建業者が供託した営業保証金の額

還付を受けられない債権

**電気や内装等の
工事代金**

広告の印刷代金

**不動産賃貸などの
管理委託料**

**宅建業者の
従業者の給料**

⇒これらの料金については、宅建業の取引（免許が必要な取引）とは関係ないので営業保証金より還付を受けられません。

［2］還付と不足額の供託

営業保証金から還付金が支払われると、宅建業者は還付によって不足した額の営業保証金を供託しなくてはなりません。

●還付の流れ

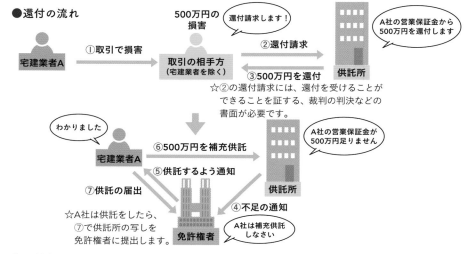

☆②の還付請求には、還付を受けることができることを証する、裁判の判決などの書面が必要です。

☆A社は供託をしたら、⑦で供託所の写しを免許権者に提出します。

●還付までの順序

①取引した相手方（宅建業者を除く）が宅建業者との取引で損害を受けた
②取引の相手方が供託所に営業保証金の還付請求をする
③供託所から取引の相手方に還付が行われる
④供託所が免許権者に供託金が不足した旨を通知
⑤免許権者（国土交通大臣または都道府県知事）から宅建業者に不足額を供託するよう通知がくる
⑥宅建業者は通知を受けた日から**2週間以内**に不足額を供託する（有価証券でもOK）
⑦宅建業者は供託から**2週間以内**に、供託書の写しを添付して、供託した旨を免許権者に届出をする

過去問を解こう

 宅地建物取引業者は、その免許を受けた国土交通大臣又は都道府県知事から、営業保証金の額が政令で定める額に不足することとなった旨の通知を受けたときは、供託額に不足を生じた日から2週間以内に、その不足額を供託しなければならない。

 宅建業者は、免許権者（国土交通大臣または都道府県知事）から営業保証金の供託額の不足の通知を受けたときは、その通知を受けた日から2週間以内に、その不足額を供託しなければなりません。

❸ 保管替え等

主たる事務所（本店）を移転すると、最寄りの供託所が変わることになります。その場合は、移転後の最寄りの供託所に営業保証金を供託し直す必要があります。このことを保管替えといいます。

●本店が移転して、供託所が変わる場合

| 金銭のみの供託 | → | **保管替えの請求ができる**
従前の供託所に対して費用を予納し、移転先の最寄りの供託所に営業保証金の保管替えを請求 |

| その他の供託
（有価証券のみ、
金銭＋有価証券
で供託） | → | **保管替えの請求はできない**
移転先の本店の最寄りの供託所に新たな営業保証金の供託が必要（このとき、移転前の本店の最寄りの供託所にも供託しているので、二重供託の状態となる）

☆この後、移転前の供託所から営業保証金を取り戻す。公告は不要。 |

用語解説 公告
官報・都道府県の公報などで、一般に広く知らせることです。

ココに注意！
金銭のみでの保管替えの場合、また、それ以外の新たな供託であっても、供託書の写しを添付して免許権者に届け出る必要があります。

ココに注意！
保管替えができるのは金銭のみで供託している場合だけです。それ以外の場合は、一時的に二重供託となります。

4 営業保証金の取戻し

宅建業者が廃業したり、従たる事務所（支店）を閉鎖する場合は、供託していた営業保証金を取り戻すことができます。ただし、すぐにはできません。**取引の関係者に対して6カ月以上の期間を定めて公告後**、一定期間内に還付請求権者からの債権の申出がなかった場合に、**取戻しが可能**になります。公告をしたときには遅滞なく、その旨を免許権者に届け出る必要があります。

●公告が必要なケース・不要なケース

公告が必要 （6カ月以上の期間を定めて公告する）	①死亡・法人の合併による消滅または廃業等の届出により免許が失効 ②免許の更新を受けずに、免許の有効期間が満了 ③免許取消処分があったとき ④一部の事務所（支店）の廃止により、営業保証金に超過額が発生
公告が不要 （すぐに取戻しが可能）	⑤主たる事務所の移転により新たに供託したとき（二重供託を解消） ⑥宅地建物取引業保証協会の社員になった ⑦営業保証金の取戻し事由が発生してから10年が経過（時効のため）

 ココに注意！

 営業保証金は、免許を取り消された場合でも取戻しが可能です。

＼ 過去問を解こう ／

(令和4・問41-ア)

Q 宅地建物取引業者の代表者が、その業務に関し刑法第222条（脅迫）の罪により懲役の刑に処せられたことを理由に宅地建物取引業の免許を取り消された場合、当該宅地建物取引業者であった者は、当該刑の執行を終わった日から5年間は供託した営業保証金を取り戻すことができない。

  A ✕ 免許を取り消されても、宅建業者は原則として6カ月以上の期間を定めて公告し、その期間内に債権者からの申出がなかった場合は、営業保証金を取り戻すことができます。

営業保証金の変換について
営業保証金として供託していた金銭を有価証券に差し替えたりすることを変換といいます。宅建業者は営業保証金の変換のため新たに供託したときは、遅滞なく、その旨を、供託書の写しを添付して、免許権者に届け出ます。

5 保証協会

営業保証金は高額で、宅建業者にとっては負担の大きい額です。そのため、営業保証金を供託しなくても、宅地建物取引業保証協会（保証協会）の社員になれば開業できる制度が設けられています。社員になると、取引の相手方に損害をあたえることがあっても、保証協会が供託している弁済業務保証金から還付してもらえます。
☆社員とは会員のようなもので、一般的にいう「会社員」ではありません。

［1］保証協会とは

宅建業者のみを社員とする一般社団法人で国土交通大臣が指定したものです。
現在は、つぎの2つの保証協会があります。

●**公益社団法人全国宅地建物取引業保証協会（ハトのマーク）**
●**公益社団法人不動産保証協会（うさぎのマーク）**
⇒保証協会の社員は宅建業者に限られます。1つの保証協会の社員になると、他の保証協会の社員にはなることはできません。

●**保証協会加入の流れ**

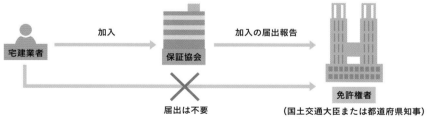

ココに注意！

保証協会は、社員が加入した、または社員がその地位を失った場合は、直ちにその旨を社員である宅建業者の免許権者（国土交通大臣または都道府県知事）に報告しなければなりません。

> **Q** 保証協会は、新たに社員が加入したときは、当該社員の免許権者が国土交通大臣であるか都道府県知事であるかにかかわらず、直ちに当該保証協会の指定主体である国土交通大臣に報告することが義務付けられている。

新たに社員が加入したり、社員がその地位を失った場合、保証協会は直ちに当該社員の免許権者（国土交通大臣または都道府県知事）に対して報告しなければなりません。ようするに免許権者にのみ報告が必要となります。

［2］保証協会の業務

保証協会が行う主な業務は弁済業務ですが、そのほかにもいろいろな業務があります。必須業務と任意業務の2パターンがありますが、どんなことを行うのかを押さえておきましょう。試験でも問われるポイントです。

●必須業務

苦情の解決	保証協会は、取引の相手方からの苦情の申出や解決の結果を社員に周知させなければならない
研修業務	宅建士および宅建業の業務に従事している者、従事しようとしている者に対しての研修の実施
弁済業務	社員が行った取引により生じた債権を取引の相手方（宅建業者を除く）に対し、弁済業務保証金で弁済する

●任意業務

一般保証業務	社員が受領した支払金や預り金の返還業務の連帯保証
手付金等保管事業	手付金等の保全措置（完成物件のみ）　☆手付金等についてはp148参照
研修費用の助成	一般社団法人による研修実施費用の助成

> Q 保証協会は、社員である宅地建物取引業者Aの取引の相手方から宅地建物取引業に係る取引に関する苦情を受けた場合は、Aに対し、文書又は口頭による説明を求めることができる。

A ○ 保証協会は、社員である宅建業者の取引の相手方から苦情を受けた場合、解決が必要であると認めるときは、社員に対し、文書または口頭による説明を求めることができます。

6 弁済業務保証金分担金

宅建業者が保証協会の社員となるには、営業保証金の代わりに保証協会に弁済業務保証金分担金を納付する義務があります。そして、保証協会は、社員から納付された額を供託所に供託します。

●供託の流れ

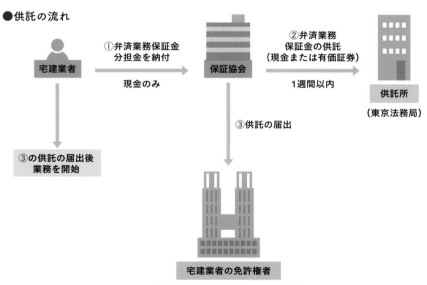

❶弁済業務保証金分担金の納付

宅建業者は保証協会に対して、弁済業務保証金分担金を納付します。

納付期限

- ●**保証協会に加入するとき** ⇒ 協会に加入しようとする日までに
- ●**事務所を増設するとき** ⇒ 増設した日から2週間以内

 ココに注意！

事務所の増設の場合、弁済業務保証金分担金を納付しないと、社員の地位を失うことになります。

 ココに注意！

事務所の増設の納付期限の場合は「増設から2週間」であることに注意。増設前ではありません。営業保証金との違いに注意しましょう。

納付額

弁済業務保証金分担金の納付は必ず**現金のみ**です。有価証券で納付することはできません。

①**主たる事務所（本店）** ⇒ 60万円
②**その他の事務所（支店）** ⇒ 各30万円

例）本店と支店4つの場合

 ココに注意！

営業保証金と同じで、弁済業務保証金分担金の納付は、案内所については不要となります。

❷弁済業務保証金の供託

保証協会は宅建業者から弁済業務保証金分担金の納付を受けたら、その全額を弁済業務保証金として供託所に供託します。

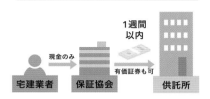

弁済業務保証金の供託期限

保証協会が社員である宅建業者から弁済業務保証金分担金の納付を受けた日から1週間以内です。

供託額

弁済業務保証金分担金の全額を弁済業務保証金として供託します。

供託所

法務大臣および国土交通大臣が定める供託所(東京法務局)が指定されています。

ココに注意！

弁済業務保証金分担金は金銭のみの納付ですが、保証協会が供託する弁済業務保証金は金銭のほか、国債証券、地方債証券などの有価証券で供託できます。評価額は営業保証金と同じです。

❸供託の届出

保証協会が、供託所に供託した旨を免許権者に届け出ます。この届出が完了した後、宅建業者は営業を開始することができます。

過去問を解こう

（平成26・問39-2）

過去問 ①

Q 保証協会は、その社員である宅地建物取引業者から弁済業務保証金分担金の納付を受けたときは、その納付を受けた日から2週間以内に、その納付を受けた額に相当する額の弁済業務保証金を供託しなければならない。

 A 保証協会は、弁済業務保証金分担金の納付を受けた日から1週間以内に供託しなければなりません。

営業保証金を供託している宅地建物取引業者Aと宅地建物取引業保証協会
の社員である宅地建物取引業者Bが、それぞれ主たる事務所の他に3か所の
従たる事務所を有している場合、Aは営業保証金として2,500万円の供託を、
Bは弁済業務保証金分担金として150万円の納付をしなければならない。

  ○ 営業保証金は、主たる事務所（本店）が1,000万円、
従たる事務所（支店）1カ所につき500万円です。本
店1,000万円と支店500万円×3＝1,500万円で合計
2,500万円を供託します。保証協会の弁済業務保証金
分担金については、本店60万円、支店1カ所につき30
万円です。本店60万円と支店30万円×3＝90万円で合
計150万円を納付します。

7 弁済業務保証金の還付

保証協会の社員である宅建業者と宅建業に関して取引をした相手方（宅建業者を除く）は、取引で生じた債権について、弁済業務保証金から還付を受けることができます。営業保証金の還付の場合とは手続方法が異なるので、違いを押さえておきましょう。

［1］還付の対象

還付を受けられる者

（保証協会社員） **（宅建業者を除く）**

還付請求権者は、保証協会の社員と宅建業に関し取引をした者。宅建業者が社員となる以前に宅建業に関し取引した者も含まれます。
☆宅建業者に該当する者は除かれます。

還付を受けられる債権は

還付を受けられるのは、宅建業に関する取引により生じた債権です。

還付を受けられる額

弁済業務保証金分担金の額の範囲ではなく、営業保証金に変換した額となります。

例）本店と支店2カ所の場合の還付限度額

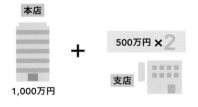

= **2,000万円**

☆供託しなくてはならない営業保証金の額と同じ2,000万円となります。

［2］還付請求手続き

●取引で損害を受けた場合の流れ

保証協会の認証を得る

①取引の相手方が
損害を受ける

損害があったので
認証をください

②認証の申し出

取引の相手方

③認証

（宅建業者は除く）

保証協会

認証にもとづいて供託所は還付を行う

還付を
お願いします

④還付請求

取引の相手方

⑤還付

（宅建業者は除く）

わかりました

供託所

供託所と保証協会の手続きの流れ

還付により
供託金が
不足しました

⑥還付の通知

国土交通大臣

⑦不足額の通知

わかりました

⑧ ⑦の通知を受けた日から2週間以内に
還付額に相当する額の
弁済業務保証金を供託

保証協会

供託所

☆保証協会は弁済業務
保証金を供託した旨
を免許権者に届けます。

保証協会と社員である宅建業者の手続きの流れ

還付充当金を
納付してください

⑨還付充当金の納付を通知

わかりました

宅建業者

⑩ ⑨の通知を受けた日から
2週間以内に還付充当金を納付

保証協会

●還付請求手続きの流れ（p72の図参照）

①取引の相手方（宅建業者を除く）が宅建業者との取引で損害を受けた

②取引の相手方が弁済業務保証金から還付を受けるには、保証協会に認証を申し出る

③保証協会が認証をする

④認証を受けた取引の相手方は供託所に還付請求をする

⑤供託所から取引の相手方に還付が行われる

⑥供託所は国土交通大臣に還付があった旨を通知する

⑦国土交通大臣から保証協会へ不足額を通知する

⑧保証協会は⑦の国土交通大臣から不足額の通知を受けた日から2週間以内に、還付額に相当する額の弁済業務保証金を供託する

　☆弁済業務保証金の不足額の供託は、還付額と同じ額となります。2,000万円の還付があれば、弁済業務保証金の不足額の供託も2,000万円です。供託は現金のほか、有価証券でもできます。

⑨保証協会は、社員である宅建業者に対して還付充当金（不足額分）を保証協会に納付するように通知する

⑩社員である宅建業者は、⑨の通知を受けた日から2週間以内に、通知された額の還付充当金を保証協会に納付しなければならない（現金のみ）

　☆還付請求手続きは、認証申出の順に行われます。損害（債権）の発生した順ではありません。

過去問を解こう

（平成26・問39-3）

 Q 保証協会は、弁済業務保証金の還付があったときは、当該還付に係る社員又は社員であった者に対して、当該還付額に相当する額の還付充当金を保証協会に納付すべきことを通知しなければならない。

  A **○** 弁済業務保証金の還付があったときには、保証協会は、社員または社員であった宅建業者に対して還付額に相当する額の還付充当金を保証協会に対して納付するように通知をします。

8 弁済業務保証金の取戻しと返還

宅建業者が保証協会の社員の地位を失ったり、一部の事務所を廃止した場合には、保証協会に納付した分担金に相当する額を取り戻すことができます。取り戻すときには、営業保証金の場合と異なり、保証協会が公告をします。**支店を廃止する際は、公告は不要**です。

●社員の地位を失った場合の取戻しの流れ

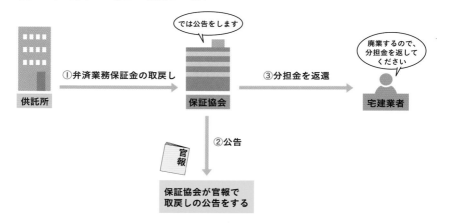

●取戻し手続きと返還時期

事由	公告	返還時期
社員の地位を失った	6カ月以上の期間を定めて還付に必要な認証を受けるための申出をすべき旨を保証協会が公告する	公告期間終了後 （公告期間内に申出がなかった場合）
一部の事務所を廃止	**公告は不要**	弁済業務保証金分担金の超過額に相当する額を供託所から取り戻して返還する

■社員の地位を失ったら？

宅建業者が保証協会の社員の地位を失ったら、**地位を失った日から1週間以内に営業保証金を供託**しなくてはなりません。

保証協会社員の地位を失う事由

①事務所を増設した日から、2週間以内に分担金を納付しない場合
②不足額の通知を受けた日から、2週間以内に還付充当金を納付しない場合　など

弁済業務保証金準備金について
保証協会は、社員である宅建業者が倒産するなどの理由で、還付充当金の納付がなかったときの弁済業務保証金の供託にあてるため、弁済業務保証金準備金を積み立てておかなくてはなりません。

過去問を解こう

(平成27・問42-2)

 営業保証金を供託している宅地建物取引業者Aと宅地建物取引業保証協会の社員である宅地建物取引業者Bが、一部の事務所を廃止した場合において、営業保証金又は弁済業務保証金を取り戻すときは、A、Bはそれぞれ還付を請求する権利を有する者に対して6か月以内に申し出るべき旨を官報に公告しなければならない。

   一部の事務所を廃止した場合、営業保証金を取り戻すときには、6カ月以上の期間を定めた公告が必要ですが、保証協会の弁済業務保証金の場合は、公告は不要となります。宅建業者Aは公告が必要ですが、Bは不要です。

講義5

業務上の規制

宅建業法では、宅建業者の行き過ぎた営業活動を防止し、
一般消費者を保護するために、
広告や契約についてさまざまな規制が設けられています。
具体的には、誇大広告等の禁止や媒介契約の締結時には、
媒介契約書を遅滞なく交付する、といった内容です。
このほかにも規制項目はたくさんあるので、
ひとつずつ理解していきましょう。

1 広告と契約に関する規制

宅建業法では、宅建業に関する広告をする場合のルールを設けています。誇大広告は当然禁止されていますし、未完成物件の広告をするときにも、建物や土地の安全性を確認する「建築確認」や「開発許可」を受けてからでないと広告はできません。それにともない、契約の締結時期についても開始時期が定められているのです。

［1］広告と契約開始時期の制限

❶広告開始時期の制限（未完成物件に限る）

宅建業者は、宅地の造成工事に必要な「開発許可」や建物の建築に必要な「建築確認」といった、法令に基づく許可や確認を受けた後でないと、宅地・建物の売買、その他の業務に関する広告をしてはいけません。申請中の場合も禁止されています。確実に建物

新築戸建
4,000万円
○○駅から　徒歩5分

○○ 不動産 (株)
03-0000-0000

が完成するかどうかわからない段階での広告はいけない、ということです。宅建業者のみを対象とする広告でも、必要な許可などを受けた後でなければ広告はできません。建築確認を受けた後、変更の確認を申請している場合は、その旨を表示し、当初の確認の内容もあわせて表示することで、広告ができます。

法令に基づく許可や確認が必要な場合(一部)
・**都市計画法**：開発許可を受けなければ、開発行為(建築物の敷地とするための造成工事)をすることができない
・**建築基準法**：建築確認を受けなければ、建築物を建築できない
・**宅地造成及び特定盛土等規制法**：宅地造成等の許可を受けなければ、宅地造成等の工事ができない
　☆これらについてはベーシックブック③ **法令上の制限**で学びます。

ココに注意！

試験の問題文では、都市計画法の開発許可のことを「都市計画法第29条第1項の許可を必要とする……」というように、条文の番号で表現したりします。法令上の制限を勉強して、少し余裕が出てきたら、都市計画法の開発許可については「都市計画法第29条」であることも、あわせて覚えておくと試験対策になりますよ。

❷契約締結時期の制限

広告開始時期の制限と同様に、契約締結についても開発許可や建築確認等を受ける前に行うことは禁止されています。変更の確認もマンションなどの例外はありますが、原則として同じです。ただし**例外があり、貸借の代理・媒介に関しては、開発許可や建築確認等の許可を受ける前でも契約を締結できます。**ここが広告開始時期と異なるところです。

●広告開始時期と契約締結時期について

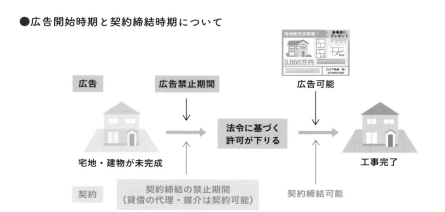

●広告開始時期の制限と契約締結時期の制限──売買・交換、貸借の違い

	売買・交換(自ら、代理・媒介)	貸借(代理・媒介)
広告開始時期の制限	あり	あり
契約締結等の時期の制限	あり	なし

違反したら？

広告開始時期の制限に違反した場合は、監督処分として指示処分の対象となりますが、罰則の適用はありません。契約締結時期の制限に違反した場合は、業務停止処分、情状が特に重いときは免許取消処分の対象となります。ただし、ともに罰則の適用はありません。

過去問 ①

（平成28・問32-2）

 宅地建物取引業者Aは、自ら売主として新築マンションを分譲するに当たり、建築基準法第6条第1項の確認の申請中であったため、「建築確認申請済」と明示して、当該建物の販売に関する広告を行い、建築確認を受けた後に売買契約を締結した。

 ✕ 建築確認の申請中であれば、建築確認を受けていない状態なので、広告することはもちろん、売買契約に関しても禁止されています。

過去問 ②

（平成27・問37-1）

 宅地建物取引業者は、建築確認が必要とされる建物の建築に関する工事の完了前においては、建築確認を受けた後でなければ、当該建物の貸借の媒介をしてはならない。

 ✕ 未完成物件の場合、建築確認を受けた後でなければ売買や交換の契約はできませんが、貸借の代理・媒介であれば、建築確認を受ける前でも契約できます。

［2］誇大広告等の禁止（未完成物件や完成物件に限らない）

実際は駅から遠いのに「駅からスグ」と書いたり、実際の価格と違って安い価格を表記したりする誇大広告や、存在しない物件で顧客をつる「おとり広告」は、宅建業法違反となります。実際に被害を受けた人がいなくても、広告をしただけで違反となり、監督処分や罰則の対象となります。

新築戸建
3,000万円
実際は
4,000万円

JR○○駅から 徒歩5分

実際は
徒歩20分

○○○不動産（株）
03-0000-0000

広告の禁止対象

①所在について
②規模について
③形質について
④現在や将来の利用の制限について
⑤現在や将来の環境について
⑥現在や将来の交通やその他の利便について
⑦代金、借賃等の対価の額や支払方法について
⑧代金、交換差金に関する住宅ローン（金銭の貸借）のあっせんについて

☆上記の項目以外であれば、誇大広告であったとしても、宅建業法では違反になりません。しかし、他の法律で
　違反となる場合があります。

違反したら？

誇大広告等の禁止に違反した場合、監督処分として業務停止、情状が特に重いときは免許取消処分となるほか、6カ月以下の懲役、100万円以下の罰金、またはこれの併科に処せられることがあります。

過去問を解こう

（令和4・問37-イ）

Q 宅地建物取引業者Aが新築住宅の売買に関する広告をインターネットで行った場合、実際のものより著しく優良又は有利であると人を誤認させるような表示を行ったが、当該広告について問合せや申込みがなかったときは、宅建業法第32条に定める誇大広告等の禁止の規定に違反しない。

A ✕ 誇大広告をすること自体が宅建業法違反です。そのため、たとえ問い合わせや申込みがなくても、誰もその広告を見なかったとしても宅建業法違反となります。

［3］取引態様（たいよう）の明示義務

宅建業者が宅地や建物の売買、交換、貸借に関する広告をするときや注文を受けたときには、「売主」であるか「代理」「媒介」なのかという取引態様を明示する必要があります。代理や媒介の場合であれば、顧客が宅建業者に対して手数料（報酬）を支払わなくてはならない場合があり、取引態様によってその額が変わってくるからです。未完成物件・完成物件に限らず、取引態様は明示する義務があります。

取引態様の種類

①自ら売買・交換
②売買・交換・貸借の代理
③売買・交換・貸借の媒介

☆取引態様が媒介の場合は、「専任媒介」「一般媒介」という点まで、広告で明示する必要はありません。

●明示するタイミング

広告をするとき（広告中に）
注文を受けたとき（遅滞なく注文者に）

取引態様の別を明示

☆書面・口頭どちらで明示してもかまいません。宅建士以外が行うのも可能です。

違反したら？

取引態様の明示義務に違反した場合は、監督処分として業務停止、情状が重いときは免許取消処分となりますが、罰則の適用はありません。

ココに注意！

宅地や建物の売買にあたり、数回にわたり広告をする場合は、取引態様についてもそのつど明示します。初回の広告にのみ取引態様を明示したとしても、その広告を見ていない顧客が存在することも考えられるからです。

> **Q** 宅地建物取引業者Aは、宅地又は建物の売買に関する広告をする際に取引態様の別を明示した場合、当該広告を見た者から売買に関する注文を受けたときは、改めて取引態様の別を明示する必要はない。

   ✕ 取引態様の表示は、広告をするときだけでなく、注文を受けたときにも取引態様の明示を再度行う必要があります。

2 業務処理の原則と守秘義務

宅建業法では、宅建業者が業務を誠実に行うための原則事項と守秘義務についてルールを設けています。

［1］業務処理の原則など

宅建業を営むうえでは、取引上の安全性や公正さを保つことが必要です。そのために業務処理の原則が定められています。

●業務処理の原則

業務処理の原則	宅建業者は、取引の関係者に対し、信義を旨とし、誠実にその業務を行わなければなりません。
従業者の教育	宅建業者は、その従業者に対し、その業務を適正に実施させるため、必要な教育を行うよう努めなければなりません。

違反したら？
業務処理の原則に違反したとしても、罰則の適用はありません。ただし、監督処分の対象となる場合があります。

［2］守秘義務

宅建業者とその従業者は、正当な理由がなければ、業務上取り扱ったことについて知り得た秘密を他に漏らしてはなりません。これが守秘義務です。廃業した後や、従業者は退職した後でも守らなくてはいけません。特に土地や建物といった不動産を扱う場合は、個人情報を扱うことになることもあり、細心の注意を払う必要があるのです。

正当な理由

①本人の承諾があるとき
②裁判上の証人などで、法律上秘密を告げる義務があるとき
③取引の相手方などに秘密を告知する義務があるとき

　例)過去に不自然死があった物件という事実など

違反したら？
守秘義務に違反した場合は、監督処分として業務停止処分、情状が特に重いときは免許取消処分、罰則として50万円以下の罰金となります。

過去問を解こう

（令和4・問30-エ）

 宅地建物取引業者の使用人その他の従業者は、正当な理由がある場合でなければ、宅地建物取引業の業務を補助したことについて知り得た秘密を他に漏らしてはならないと宅建業法に定められている。

   守秘義務です。宅建業者の使用人その他の従業者は正当な理由がなければ、業務上知り得た秘密を他に漏らすことはできません。

❸ その他の規制事項

宅建業者が取引をするうえで禁止されている事項を紹介します。

［1］不当な履行遅延の禁止

宅建業者は、宅地・建物の①登記、②引渡し、③取引の対価の支払いを不当に遅延する行為をしてはなりません。ただし、天災等の不可抗力で履行遅延となった場合を除きます。

●履行遅延の禁止行為3つ

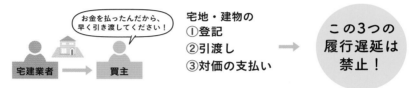

お金を払ったんだから、早く引き渡してください！

宅建業者 → 買主

宅地・建物の
①登記
②引渡し
③対価の支払い
→
この3つの履行遅延は禁止！

違反したら？
監督処分として業務停止処分、情状が特に重いときは免許取消処分、罰則として6カ月以下の懲役、100万円以下の罰金、またはこれの併科になります。

╲ 過去問を解こう ╱　　　　　　　　　　　　　　　　　　（平成26・問41-3）

 宅地建物取引業者が、自ら売主となる宅地建物売買契約成立後、媒介を依頼した他の宅地建物取引業者へ報酬を支払うことを拒む行為は、不当な履行遅延（宅地建物取引業法第44条）に該当する。

  履行遅延の禁止行為は①登記、②引渡し、③対価の支払いの3つに限られます。宅建業者から媒介を行った他の宅建業者への報酬の支払いを拒む行為は該当しません。

［2］手付貸与の禁止

手付とは、売買契約が成立した際、買主が売主に対して支払うお金のことです。宅建業者は相手方に対して、手付を貸し付けたり、分割払いや後払いなどの方法で契約の締結をさせようと誘引する行為をしてはなりません。契約を誘引する行為が禁止なので、たとえ契約に至らなくても違反となります。

手付金なら貸しますよ

違反したら？
違反した場合は、監督処分として業務停止処分、情状が特に重いときは免許取消処分、罰則として6カ月以下の懲役、100万円以下の罰金、またはこれの併科になります。

ココに注意！

宅建業者が手付金について、買主と銀行間での金銭の貸借のあっせんをして売買契約を締結したとしても、違反とはなりません。これは、紹介業務となるからです。

過去問を解こう ／ （平成23・問41-ア）

Q 宅地建物取引業者A社は、建物の販売に際して、買主が手付として必要な額を持ち合わせていなかったため、手付を貸し付けることにより、契約の締結を誘引した。

 A ✕ 手付を貸し付けることで契約の締結を誘因することは禁止されています。

［3］不当な勧誘の禁止

❶断定的判断の禁止

契約の勧誘にあたり、根拠もないのに「数年後には確実に物件価格が上がるから、今買っておくといいですよ」とか、確実ではないのに「この近くに新しい駅ができますよ」というように、まるで取引相手にとって有益となることが確実のように誤解をさせる「断定的判断」を提供する行為は禁止です。たとえ、売買契約が成立しなかったとしても、その行為自体が違反となります。相手方にうっかり断定的判断を提供してしまったときでも、責任を負います。

確実に値上がりしますよ

❷威迫の禁止

威迫とは、「契約しなければ、帰れないぞ」などと脅迫をしたり、大声で怒鳴るなど、相手を不安にさせるような行為をすることです。契約の申込みの撤回や解除を妨げるため、取引相手を威迫することは禁止されています。

契約しないと！

❸その他の禁止事項

すぐ決めないとダメ！

考えさせて

拒否する

・契約を締結するかどうかを判断するために必要な時間を与えることを拒否する。
・預り金の返還を拒否する。
・取引相手が手付金を放棄して契約を解除することを拒否する。

家買いませんか？

迷惑な勧誘をする

・深夜または長時間の勧誘で相手に迷惑をかける。
・取引相手に契約する意思がないのに、勧誘を続ける。

いい物件が
あるんですが

誰？

目的や名前を告げない

・勧誘に先立って、契約締結が目的であることを告げない。
・宅建業者の商号または名称、勧誘を行う者の氏名を告げない。

違反したら？
監督処分として業務停止処分、情状が特に重いときは免許取消処分になりますが、罰則の適用はありません。

過去問を解こう

（平成27・問41-ア）

宅地建物取引業者が売主である新築分譲マンションを訪れた買主Aに対して、当該宅地建物取引業者の従業者Bが行った次の発言内容は、宅地建物取引業法の規定に違反しない。

A：眺望の良さが気に入った。隣接地は空地だが、将来の眺望は大丈夫なのか。

B：隣接地は、市有地で、現在、建築計画や売却の予定がないことを市に確認しました。将来、建つとしても公共施設なので、市が眺望を遮るような建物を建てることは絶対ありません。ご安心ください。

A ✕ 「絶対ありません」と断定的な判断をすることは、宅建業法に違反します。たとえ市有地でも、「市が眺望を遮るような建物を建てるようなことは絶対ありません」とは言い切れないからです。

4 媒介契約

媒介契約は、土地や建物を売ったり買ったりしたい人が、宅建業者に契約相手を見つけてもらい、契約が成立したら報酬を支払う契約をすることです。ここでは媒介契約の種類と契約上のルールについて押さえておきましょう。なお、媒介契約に関する規制は、宅建業者間にも適用されます。

［1］媒介契約の種類

媒介契約には3種類あります。違いを押さえておきましょう。

●媒介契約の種類

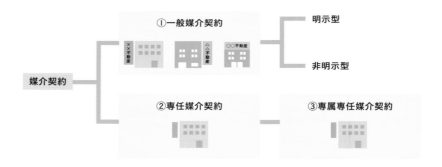

❶一般媒介契約

複数の宅建業者に媒介を依頼することができます。自己発見取引（依頼者が自分で取引の相手を見つけること）も可能です。一般媒介契約には、明示型と非明示型があります。

明示型	他の宅建業者に依頼した場合、その宅建業者を明示する義務がある
非明示型	他の宅建業者に依頼した場合でも、その宅建業者を明示しなくてもよい

❷専任媒介契約

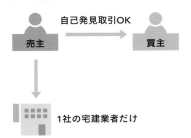

自己発見取引OK

1社の宅建業者だけ

1社の宅建業者にだけしか媒介を依頼できません。自己発見取引は可能です。

❸専属専任媒介契約

自己発見取引NG

1社の宅建業者だけ

1社の宅建業者にだけしか媒介を依頼できず、自己発見取引もできません。

［2］専任媒介契約の規制

専任媒介（専属専任も含む）の依頼を受けた宅建業者にきちんと仕事をさせるため、有効期間や業務報告などの面で、いくつかの義務が課せられています。

①契約の有効期間	3カ月と定められています。これを超える期間を定めたときは、有効期間は3カ月となります。
②契約の更新	有効期間は、依頼者の申出により更新できます。ただし、更新の時から3カ月を超えることはできません。
③依頼者への業務報告	依頼者に対して業務の処理状況を、専任媒介契約は2週間に1回以上（休業日を含む）報告する義務があります。専属専任媒介契約の場合には、1週間に1回以上（休業日を含む）です。報告は書面以外に口頭や電子メールでも可能です。売買や交換などの申込みがあったら、遅滞なく報告をしなければなりません。
④指定流通機構への登録	指定流通機構（REINS）に物件登録をする義務があります。専任媒介契約は、媒介契約締結日から7日以内（休業日を含まない）、専属専任媒介契約は、媒介契約締結日から5日以内（休業日を含まない）と決められています。登録義務があるため、登録をしない旨の特約は無効となります。

■指定流通機構（REINS）とは？

不動産流通機構が運営している宅建業者間の物件情報交換ネットワークシステムのこと。REINS（レインズ）とも呼ばれています。宅建業者は指定流通機構に物件情報を登録すれば、他の業者が物件情報を見ることができるので、取引相手を見つけやすくなるのです。

●指定流通機構と媒介契約

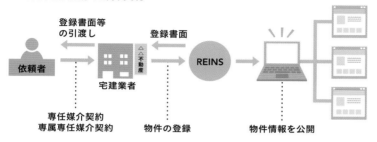

●指定流通機構への登録から成約までの流れ

①登録事項	**ア.**物件の所在、規模、形質 **イ.**売買価額（専任媒介契約で交換契約の場合は評価額） **ウ.**法令に基づく制限で主なもの **エ.**専属専任媒介契約の場合は、その旨について ☆登録する物件の所有者の氏名、住所および登記された権利の種類などは登録不要。

②登録書面の引渡し	登録をした宅建業者は、指定流通機構から発行される登録を証する書面を遅滞なく、依頼者に引き渡さなければなりません ☆依頼者の承諾があるときは、電磁的方法により提供できる。

③契約成立の通知	登録をした宅建業者は、登録した物件の売買や交換の契約が成立したときは、**遅滞なく、登録番号、取引価格、契約の成立年月日について指定流通機構に通知**しなければなりません。 ☆宅建業者は、売買や交換の契約成立時に、売主・買主の氏名や物件の所在について指定流通機構に通知する必要はありません。

ココに注意！

指定流通機構への登録から成約までの流れ③の契約成立の通知を指定流通機構にする場合は、登録番号を通知するだけで、その物件の所在などについての情報がわかるため、①の登録事項にある「物件の所在」を通知する必要はありません。ここは試験でもヒッカケとなるところなので、注意しましょう。

●一般媒介と専任媒介の違い

	一般媒介	専任媒介	
		専任	専属専任
①契約の有効期間	規制なし	3カ月以内 3カ月を超える期間を定めたら3カ月となる	
②契約の更新	規制なし	依頼者の申出があったときに限り可能	
③依頼者への業務報告	義務なし	2週間に1回以上 ☆休業日を含む	1週間に1回以上 ☆休業日を含む
	売買・交換の申込みがあれば遅滞なく報告（貸借は除く）		
④指定流通機構への登録	規制なし （登録できる）	契約日から7日以内 ☆休業日を除く	契約日から5日以内 ☆休業日を除く

ココに注意！

依頼者への業務報告は、口頭でも電子メールでも行うことができます。

過去問を解こう

過去問①

（平成21・問32-3）

宅地建物取引業者Aが、B所有の甲宅地の売却の媒介を依頼され、Bと専任媒介契約を締結した場合、AがBに対して、当該専任媒介契約に係る業務の処理状況を14日（ただし、Aの休業日は含まない。）に1回報告するという特約は有効である。

依頼者に対し、専任媒介契約は2週間に1回以上業務報告をする義務があります。「Aの休業日は含まない」とする特約は、2週間（14日）を超えるので無効です。

過去問 ②

（平成20・問35-ウ）

宅地建物取引業者Aが、Bから自己所有の宅地の売却の媒介を依頼され、Aが、Bとの間に専任媒介契約を締結し、売買契約を成立させたときは、Aは、遅滞なく、当該宅地の所在、取引価格、売買契約の成立した年月日を指定流通機構に通知しなければならない。

 ✕ 宅地の所在ではなく、登録番号です。契約成立の通知で、あらためて宅地の所在を通知する必要はありません。

過去問 ③

（平成21・問32-4）

宅地建物取引業者Aが、B所有の甲宅地の売却の媒介を依頼され、Bと専任媒介契約を締結した場合、Aは、指定流通機構に登録した甲宅地について売買契約が成立し、かつ、甲宅地の引渡しが完了したときは、遅滞なく、その旨を当該指定流通機構に通知しなければならない。

   ✕ 登録した物件で売買契約が成立したときは、遅滞なく指定流通機構に対して通知をする必要があります。引渡しの完了時ではありません。

5 媒介契約書の交付

媒介契約締結後は、トラブルを防ぐためにも、契約内容を書面にして依頼者に交付します。手続きや契約内容の記載事項について説明します。

［1］媒介契約の手続き

宅建業者は媒介契約を締結したときは、遅滞なく、一定の事項を記載した書面（媒介契約書）☆を作成して記名押印し、依頼者にこれを交付する必要があります。記名押印は、宅建士ではなく、宅建業者が行います。**媒介契約書の交付は、宅建業者間であっても、省略はできません。**

☆依頼者の承諾があれば、書面の代わりに電磁的方法（パソコン上で表示できるデータなど）で行うことも認められており、この場合は記名押印は不要です。

●媒介契約締結の流れ

私の土地の売買の
媒介をしてください

依頼者

①宅地・建物の売買・交換の媒介依頼

②媒介契約の締結

では契約書を
交わしましょう

宅建業者

宅建業者は書面を作成し記名押印して交付
（売買・交換の代理契約を締結したときも書面を交付する）
☆書面は電磁的記録で提供してもよい

ココに注意！

・宅建業者は、媒介契約の目的である物件に売買または交換の申込みがあったときは、遅滞なくその旨を依頼者に報告しなければなりません。

ココに注意！

・媒介契約書は売買（交換）の媒介・代理の場合のみ作成・交付すればよく、貸借での交付は義務づけられていません。

［2］媒介契約書の記載事項

媒介契約書の記載事項は、次のとおりです。

媒介契約書の記載事項

①宅地の所在、地番、建物の所在、種類など宅地や建物を特定するために必要な表示
②宅地または建物を売買すべき価額またはその評価額
③媒介契約の種類（一般媒介契約か、専任・専属専任媒介か）
④既存建物の場合は、建物状況調査（インスペクション）を実施する者のあっせんに関する事項
⑤媒介契約の有効期間および解除に関する事項
⑥指定流通機構（REINS）への登録に関する事項
⑦報酬に関する事項
⑧違反に関する措置（専任媒介契約や、明示型での一般媒介契約において、違反した場合の措置）
⑨国土交通大臣が定める標準媒介契約約款に基づくものかどうか

●②の場合、宅建業者が売買すべき価額または評価額について意見を述べるときは、その根拠を明らかにしなければなりません。この意見を述べるのは宅建士以外の者でも可能です。**根拠の明示については、書面でも口頭でもかまいません。**

●④の建物状況調査（インスペクション）とは、建物の構造耐力上主要な部分または雨水の浸入を防止する部分の状況の調査であって、経年変化その他の建物に生じる事象に関する知識および能力を有する者として国土交通省令で定める者が実施するものをいいます。あっせんとは、業者が依頼者に調査実施者を紹介し、調査の実施に向けてさまざまな手配を行うことです。

●⑥の場合、一般媒介契約であっても、指定流通機構に登録することはできますが、一般媒介契約については、宅建業者に登録義務はありません。ただし、一般媒介契約であっても「指定流通機構に関する事項」については、媒介契約書に記載する必要があります。

●⑧の明示型一般媒介契約で、依頼者が明示していない他の宅建業者が探してきた相手方と契約をしたり、専任媒介契約において、依頼者が他の宅建業者が探してきた相手方と契約をした場合の措置について記載します。

●⑨の標準媒介契約約款とは、国土交通省が作成している、媒介契約書のフォーマットと考えておけばよいでしょう。契約書と約款の2パートで作られています。宅建業法では、この標準媒介契約約款を必ず使うように義務づけられているわけではないのですが、依頼者に渡す媒介契約書が、この標準媒介契約約款に基づいて作られたものかどうかを記載しておくようにしなければならないのです。

ココに注意！

媒介契約に基づき、建物状況調査のあっせんを行ったとしても、宅建業者は報酬とは別に、あっせんに係る費用を受け取ることはできません。

ココに注意！

「宅地建物取引業法第34条の2第1項」に規定する書面とは、媒介契約書のことです。試験の問題文ではこのように条文番号で記載されます。

過去問を解こう

過去問 ①

（平成30・問33-1）

 Q 宅地建物取引業者Aが、Bから、Bが所有し居住している甲住宅の売却について、媒介の依頼を受け、宅建業法第34条の2第1項第4号に規定する建物状況調査の制度概要を紹介し、Bが同調査を実施する者のあっせんを希望しなかった場合、Aは、同項の規定に基づき交付すべき書面に同調査を実施する者のあっせんに関する事項を記載する必要はない。

 A ✕ 既存建物の場合、媒介契約書には、建物状況調査を実施する者のあっせんをするかどうかは、媒介契約書に必ず記載します。

過去問 ②

（平成27・問28-ウ・改）

 Q 宅地建物取引業者Aは、Bが所有する甲宅地の貸借に係る媒介の依頼を受け、Bと専任媒介契約を締結した。このとき、Aは、Bに宅地建物取引業法第34条の2第1項に記載すべき事項を書面にて交付（又は同条の2第11項に規定する電磁的方法により提供）しなければならない。

 A ✕ 媒介契約書面の交付義務が発生するのは売買または交換の場合となります。貸借の媒介であれば、媒介契約書面の交付の義務はありません。

過去問 ③

（平成24・問29-4）

 Q 宅地建物取引業者A社が、宅地建物取引業者でないBから自己所有の土地付建物の売却の媒介を依頼された場合、A社がBと一般媒介契約（専任媒介契約でない媒介契約）を締結した場合、A社がBに対し当該土地付建物の価額又は評価額について意見を述べるときは、その根拠を明らかにしなければならない。

 A 〇 売買すべき価額・評価額について宅建業者が意見を述べる際には、必ずその根拠を明らかにしなければなりません。一般媒介契約、専任媒介契約どちらも同様です。

講義6

報酬額の制限

宅建業者が売買や貸借の媒介や代理で契約を成立させた場合、
報酬を受け取ることができます。
ここでは契約ごとの報酬の配分や上限額、
計算方法などを学んでいきます。
試験でも報酬額の計算が必要になることがあるので、
計算方法も押さえておきましょう。

1 報酬額の規制

宅建業者が媒介や代理を行ったときに受領できる報酬額は、国土交通大臣によって次の3つのパターンに分けて決められています。ただし、限度額を超えて報酬を受領することはできません。なお、この報酬額の規制は、宅建業者間の取引にも適用されます。

報酬額の規制　3つのパターン
①売買・交換の媒介
②売買・交換の代理
③貸借の媒介・代理

媒介報酬は
50万円です

ココに注意！
報酬は、契約が成立したときのみに受領できます。ただし、報酬はあくまでも媒介または代理の宅建業者に支払われるものであり、売主は宅建業者であっても受領できません。

ココに注意！
相手方が好意で支払うといっても、規定を超えた報酬を受け取ってはいけません。

2 売買・交換の媒介報酬の限度額

［1］売買・交換の媒介報酬の限度額

売買・交換の媒介の依頼を受けたとき、依頼者から受領することのできる報酬限度額は、次の基本式を使って求めます。報酬計算の基準となる代金額は、売買であれば売買代金、交換であれば価格の高いほうを使用します。

❶媒介報酬の計算方法

●売買の媒介報酬の限度額の基本式

売買価格(消費税を除く)	報酬の限度額(消費税を除く)
400万円超	代金額 × 3％ ＋6万円
200万円超〜400万円以下	代金額 × 4％ ＋2万円
200万円以下	代金額 × 5％

■ 計算例　2,000万円の土地の売買を媒介した場合

2,000万円×3％(0.03)＋6万円＝66万円 となります。

❷消費税の課税対象

（1）物件価格にかかる消費税

土地の売買代金・交換差金、貸借の賃料または、居住用建物の貸借の賃料は、消費税の課税対象外となります。
課税対象となるものは次のとおりです。

> **消費税の課税対象**
> ①建物の売買代金
> ②居住用以外の建物の賃料、権利金

（2）報酬にかかる消費税

①消費税課税事業者の場合

報酬には10％の消費税が課税されます。

②消費税の免税事業者の場合

報酬には、消費税は課税されません。ただし、仕入れにかかる消費税分として4％を加算できます。

■ 計算例　物件価格に消費税が含まれる場合の報酬額

例）土地代金が5,000万円で、建物価格が2,200万円（消費税込み）の場合

建物 **2,200万円**（消費税込み）
土地 **5,000万円**（消費税抜き）

基本的に報酬額の計算は、売買価格から消費税を抜いた本体価格で行うため、建物代金に消費税が含まれている場合は、税抜き価格にしてから報酬額を計算します。

①物件価格を税抜価格にする

建物 2,000万円（2,200万円÷1.1⇒税抜価格にする）
土地 5,000万円（課税されないのでそのまま）
合計 7,000万円

②基本式で計算

7,000万円×3％＋6万円＝216万円

③消費税について

●課税事業者の場合は消費税10％を加算
報酬限度額 216万円×1.1＝237万6,000円
●免税事業者の場合は、仕入れにかかる消費税として4％を加算
報酬限度額 216万円×1.04＝224万6,400円

●低廉な空家等の売買または交換の媒介・代理の報酬の特例

400万円以下の宅地や建物の場合は、「低廉な空き家等」として、**売主から**調査費用込みで最大18万円（代理の場合は36万円）を受け取ることができます。これは、地方の空き家などは調査費がかさみ、従来の手数料では利益が出ず、宅建業者が取引を敬遠してしまうことを防ぐために設けられた特例です。ただし、調査費を受け取るためには、あらかじめ売主から同意を得ておくことが必要です。また、買主からは、通常の報酬の計算方法で計算した手数料しか受け取れません。

［2］報酬の両手と片手

媒介契約には、業界用語で言われる「両手」（両手数料）と「片手」の2パターンがあります。

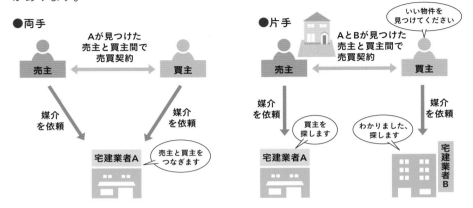

●両手

Aが見つけた売主と買主間で売買契約

売主 ←→ 買主

媒介を依頼　媒介を依頼

宅建業者A

売主と買主をつなぎます

宅建業者Aが売主と買主を自分でみつければ、両方から報酬を得ることができます。

●片手

いい物件を見つけてください

AとBが見つけた売主と買主間で売買契約

売主 ←→ 買主

媒介を依頼　媒介を依頼

買主を探します

わかりました、探します

宅建業者A　宅建業者B

宅建業者Aは売主から、宅建業者Bは買主から報酬を得ることができます。

■計算例　媒介で土地の売買価格が1,000万円の場合

例1）両手の場合

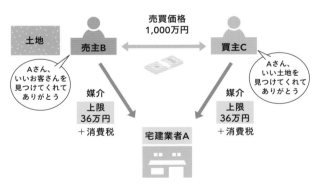

売買価格1,000万円

土地　売主B ←→ 買主C

Aさん、いいお客さんを見つけてくれてありがとう

Aさん、いい土地を見つけてくれてありがとう

媒介　上限36万円＋消費税

媒介　上限36万円＋消費税

宅建業者A

①基本式で計算

1,000万円×3％＋6万円＝36万円（＋消費税）

②報酬限度額

宅建業者Aは、媒介の依頼者BとCから36万円ずつ、つまり合計額の72万円を限度額として受領できます（消費税は加算できます）。

例2)片手の場合

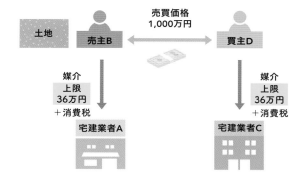

①基本式で計算

1,000万円×3％＋6万円＝36万円（＋消費税）

②報酬限度額

宅建業者Aは売主Bから36万円を、宅建業者Cは買主Dから36万円を限度額として受領できます（消費税は加算できます）。

ココに注意!

上記の事例では、宅建業者Aは売主Bからのみ、宅建業者Cは買主Dからのみ、報酬を受領できます。

［3］売買・交換の代理報酬の限度額

売買・交換の代理の場合には、報酬の限度額は、媒介の基本式で計算した金額の2倍となります。また、売主、買主それぞれの代理業者が1つの取引に関与している場合でも、限度額は媒介の基本式で計算した2倍の金額までとなります。

☆消費税がある場合は加算できます。

■計算例　土地の売買価格が1,000万円の場合

例1)売買の代理の場合

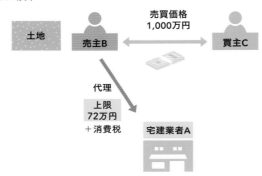

①基本式で計算
1,000万円×3％＋6万円＝36万円

②報酬限度額
代理は基本式の2倍まで受領することができます。

36万円×2＝72万円（＋消費税）

⇒宅建業者Aは売主（代理の依頼者）Bから、72万円を限度額として報酬を受領できます（消費税は加算できます）。

例2)売主、買主それぞれに代理業者がいる場合

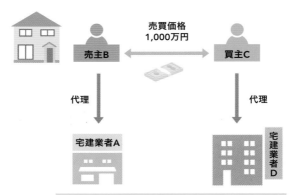

両方の業者合計で最大72万円まで報酬を受け取れる

☆どちらかが72万円を受け取ってしまうと、もう一方の業者は報酬を受け取れません。

①宅建業者Aが売主Bから受領できる報酬限度額
1,000万円×3％＋6万円＝36万円　代理なので36万円×2＝72万円（＋消費税）

②宅建業者Dが買主Cから受領できる報酬限度額

宅建業者Aと同じ36万円で、代理なので同じく72万円（＋消費税）

⇒ただし、この場合は同一の取引となるので、宅建業者Aと宅建業者Dは、基本式の2倍の報酬限度額72万円を分け合うことになります。両方の業者合計で72万円を超えません（消費税は加算できます）。

●売主、買主、それぞれに代理業者がいる場合の報酬の受領額の配分例

☆消費税は加算可

	ケース1	ケース2	ケース3	ケース4	ケース5
宅建業者A（代理）の報酬額	72万円	40万円	36万円	0円	72万円
宅建業者D（代理）の報酬額	0円	32万円	36万円	72万円	72万円
合計	72万円 **OK**	72万円 **OK**	72万円 **OK**	72万円 **OK**	144万円 **NG**
	限度額内	限度額内	限度額内	限度額内	限度額超

例3）売買で媒介業者と代理業者がいる場合

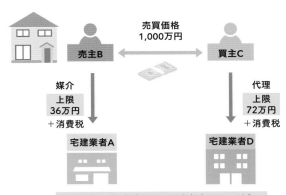

宅建業者A・D合計で72万円を超えてはいけない

①宅建業者Aが売主Bから受領できる報酬限度額　媒介

1,000万円×3％＋6万円＝36万円（＋消費税）

②宅建業者Dが買主Cから受け取れる報酬限度額　代理

1,000万円×3％＋6万円＝36万円

36万円×2＝72万円（＋消費税）

⇒ただし、この場合は同一の取引となるので、宅建業者Aおよび宅建業者Dは報酬限度額72万円の範囲内で、報酬を分け合うことになります。

ココに注意!

この場合、宅建業者Aの受け取れる報酬額の上限は媒介なので、36万円となります。

●売買で媒介業者と代理業者が関与する場合の、報酬の受領額の配分例

☆消費税は加算可

	ケース1	ケース2	ケース3	ケース4	ケース5
宅建業者A(媒介)の報酬額	36万円	30万円	0円	72万円	36万円
宅建業者D(代理)の報酬額	36万円	42万円	72万円	0円	72万円
合計	72万円 OK	72万円 OK	72万円 OK	72万円 NG	108万円 NG

限度額内	限度額内	限度額内	Aは媒介なので36万円以上は受領できない!	限度額超

過去問を解こう

過去問 ①

（平成18・問43-ア）

Q 宅地建物取引業者A（消費税課税事業者）は、BからB所有の宅地の売却について代理の依頼を受け、Cを買主として代金3,000万円で売買契約を成立させた。その際、Bから報酬として、126万円を受領したことは、宅地建物取引業法の規定に違反しない。

A ○ 代理の場合は、基本式で計算した額の2倍まで受け取ることができます。この場合、3,000万円×3％+6万円＝96万円なので、96万円×2×1.1（消費税）＝211万2,000円まで受領可能です。よって、126万円を受領したことは宅建業法違反とはなりません。

＼ 過去問 ② ／

(平成27・問33-ア・改)

土地付新築住宅（代金3,000万円。消費税等相当額を含まない。）の売買について、宅地建物取引業者Aは売主から代理を、宅地建物取引業者Bは買主から媒介を依頼され、Aは売主から211万2,000円を、Bは買主から105万6,000円を報酬として受領した（宅地建物取引業者A及びBはともに消費税課税事業者とする）。これは宅地建物取引業法の規定に違反する。

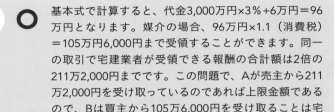

A **○** 基本式で計算すると、代金3,000万円×3％＋6万円＝96万円となります。媒介の場合、96万円×1.1（消費税）＝105万円6,000円まで受領することができます。同一の取引で宅建業者が受領できる報酬の合計額は2倍の211万2,000円までです。この問題で、Aが売主から211万2,000円を受け取っているのであれば上限金額であるので、Bは買主から105万6,000円を受け取ることは宅建業法違反となるためできません。

［4］複数の宅建業者が関与する場合

1つの取引に複数の宅建業者が関与していても、売主・買主から受け取る合計の報酬限度額は変わりません。業者同士がそれぞれ話し合って媒介報酬を分け合うことになります。

同一取引なので一方から受け取る媒介の報酬の2倍が
全ての業者が受け取ることのできる報酬限度額の合計

3 貸借の媒介・代理報酬の限度額

［1］貸借の媒介・代理の場合

居住用建物の貸借の場合、媒介・代理どちらの場合でも、依頼者の双方から受領できる報酬限度額は、賃料の1カ月分となります。また、1つの取引での限度額（貸主・借主から受け取れる額の合計）も賃料の1カ月分です。なお、居住用建物の貸借の媒介であれば、依頼者の一方から受領できる限度額は、原則として賃料の1カ月分の2分の1です。

 ココに注意！

居住用建物の貸借の媒介では、依頼者の承諾を得れば、貸主・借主の片方から報酬1カ月分を受領することもできます。その場合、宅建業者は媒介の依頼を受ける前に、依頼者に承諾を得る必要があります。

■計算例　建物の賃料が1カ月40万円の場合

例）居住用建物の貸借の媒介の場合

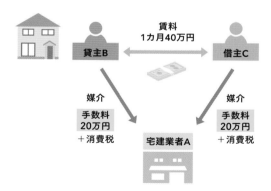

☆承諾があれば、どちらか一方より40万円＋消費税まで受領できます。

①依頼者の承諾がない場合
依頼者の一方から受領できる限度額は、賃料1カ月分の2分の1です。
貸主Bから20万円、借主Cから20万円を限度額として受領できます（消費税は加算できます）。

②**依頼者の承諾がある場合**

依頼者の一方から賃料の1カ月分を限度額として受領できます。

⇒宅建業者Aが借主Cの承諾を得ていれば、Cから40万円（＋消費税）を上限として受領することもできます。なお、Cから40万円（＋消費税）を受領したら、1つの取引あたりの限度額が1カ月分となります。この場合、貸主Bからの報酬は受領できません。

［2］ 権利金の授受のあるとき

宅地や**非居住用**の建物（店舗、倉庫など）の貸借の媒介・代理で、権利金の授受があったときは、権利金を売買代金とみなして売買の報酬の計算方法で計算することもできます。この場合は、権利金での計算額と、賃料の1カ月分を比べて、どちらか**大きい額のほう**を報酬限度額とします。

 用語解説 権利金
貸借の契約をするときに、借主が家主などに支払う金銭のことで、契約終了時に借主には返還されないものをいいます。

●**宅地・非居住用の建物貸借における報酬の計算方法**

■計算例　建物の賃料が1ヵ月50万円で権利金1,200万円の場合（消費税抜き）

例）権利金の授受がある貸借の媒介の場合

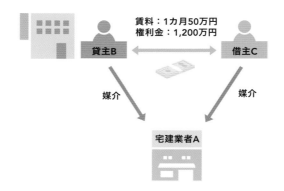

①借賃をもとに報酬額を受領

宅建業者Aは貸主Bと借主Cから合計50万円（＋消費税）を受領できます。居住用の賃貸借のように50％ずつ、という決まりはありません。

②権利金をもとに基本式で計算して受領

1,200万円×3％＋6万円＝42万円

AはBから42万円、Cから42万円を上限として受領できます（消費税は加算できます）。

①と②で額を比べてみると

②で計算した額のほうが大きくなるので、Aは84万円（＋消費税）を限度額として報酬を受領できます。

ココに注意！

・宅地・非居住用の建物賃貸借の媒介・代理の場合のみ、権利金をもとにして売買・代理や媒介の場合の報酬額の計算が可能です。

4 不当に高額な報酬の要求の禁止

宅建業者は、相手方に対して不当に高額の報酬を要求することは禁止されています。実際に受領しなくても要求するだけで違反扱いとなります。違反した場合には、監督処分として業務停止処分、情状が特に重いときは免許取消処分となります。また、罰則として1年以下の懲役、100万円以下の罰金、またはこれの併科となります。

5 依頼者の依頼による広告料の受領

宅建業者は限度額を超えて報酬額を受け取ることはできませんが、依頼者の依頼によって行う広告の料金については、別途受領することができます。また、依頼者から特別の依頼によって行う遠隔地における現地調査の費用などについても、受領できます。ともに依頼者から事前の承諾を得ておく必要があります。

\過去問を解こう/

（令和4・問27-1）

> **Q** 宅地建物取引業者A（消費税課税事業者）が、Bから売買の媒介を依頼され、Bからの特別の依頼に基づき、遠隔地への現地調査を実施した。その際、当該調査に要する特別の費用について、Bが負担することを事前に承諾していたので、Aは媒介報酬とは別に、当該調査に要した特別の費用相当額を受領することができる。

依頼者からの特別の依頼に基づくもので、かつ事前に依頼者の承諾があれば、宅建業者は、媒介報酬とは別に、調査に要した特別の費用（実費相当額）を受領することができます。

重要事項説明と契約書面（37条書面）

宅建士は契約が成立する前に、取引相手に対して、
その物件について重要事項説明をする義務があります。
契約が成立した場合は契約内容を書面（37条書面）にして交付します。
いずれも宅建士の重要な仕事となりますが、
重要事項説明と37条書面の内容の違いを
正確に理解することがポイントです。

1 重要事項説明

宅建業者は、契約が成立するまでの間に、取引条件や物件の内容などの重要事項を必ず書面にして、宅建士をして取引相手に説明させる義務があります。どんな物件なのかきちんと事前に説明をして、買主や借主に理解してもらったうえで契約をすれば、トラブルを未然に防げるからです。なお、この重要事項説明は、宅建士でなければできません。これは宅建業者の義務なので、行わないと宅建業者が罰せられます。

［1］ 重要事項説明書の交付

重要事項説明は、必ず宅建士が契約前に書面を取引相手に交付または電磁的方法（パソコン上に表示できるデータなど）による提供をして、説明を行います。取引相手が、物件に関する事項を「よく知っているから大丈夫」と言ったとしても、重要事項の説明および重要事項説明書の交付を省略することはできません。重要事項説明書は、宅建業法第35条の規定によるものなので、35条書面とも呼ばれています。**相手方が宅建業者の場合は、口頭での説明は不要ですが、35条書面の交付は省略できません。**

☆重要事項説明書を相手に電磁的方法で提供した場合は、宅建業者は宅建士に重要事項説明書を交付させたものとみなします。

ココに注意！

　　重要事項の説明および記名をするのは、専任の宅建士でなく、一般の宅建
　　士でもかまいません。

●重要事項説明のポイント

重要事項説明書の交付の際は、いつ、誰が、どのように説明するのか、そのポイントをしっかり押さえておくことが大切です。

説明する人	説明時期	説明の相手

宅建士が行います。	契約が成立するまでの間に行います。	買主・借主。交換の場合は両当事者。 ☆売主や貸主には不要です。

説明書面	説明方法	説明場所

宅建業者が一定の事項を記載した重要事項説明書（35条書面）を用意します。
☆電磁的方法（パソコン上に表示できるデータなど）による提供も認められます。

宅建士の記名をした重要事項説明書を取引相手に交付（または電磁的方法による提供）をして説明します。説明時は宅建士証の提示が必要です。
☆提示しなければ10万円以下の過料に科せられます。

限定なし。事務所以外でもどこでもかまいません。
（テレビ会議などオンラインでも行えます）

ココに注意！

宅建業者が買主、借主の場合は、口頭での重要事項説明を省略できます。ただし、書面の交付または電磁的方法による提供は必要です。

こんな場合はどうなる？

●取引に複数の宅建業者が関与していたら？

例）売主から依頼を受けた宅建業者Aと買主から依頼を受けた宅建業者Bが、共同で媒介をする場合

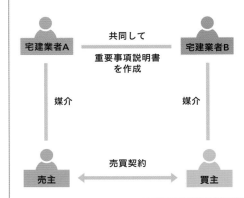

双方の宅建業者に説明義務があります。

宅建業者Aと宅建業者Bが、①重要事項説明書を共同で作成した旨、②宅建業者のどちらかが代表して説明する旨を相手方に伝えます。そのうえで、代表の宅建士が重要事項説明を行います。この場合、双方の宅建業者の宅建士による記名が必要です。

重要事項説明義務に違反したら？
監督処分としては、指示処分または業務停止処分を受けることがあります。情状が特に重いときには免許取消処分となりますが、罰則の適用はありません。

●ITを活用した重要事項説明

土地や建物の売買・交換契約、賃貸借契約に関しては、対面でなくても、テレビ会議などのITを活用して重要事項説明を行うことができます。記名した重要事項説明書をあらかじめ相手方に送付（電磁的方法でも可）しておくこと、画面上で宅建士証の提示をすることが必要です。

過去問を解こう

過去問 ①

（平成30・問39-4）

 宅地建物取引業者が建物の貸借の媒介を行う場合における宅地建物取引業法第35条に規定する重要事項の説明において、宅地建物取引士は、テレビ会議等のITを活用して重要事項の説明を行うときは、相手方の承諾があれば宅地建物取引士証の提示を省略することができる。なお、当該建物を借りようとする者は宅地建物取引業者ではないものとする。

   土地や建物の賃貸借契約では、テレビ会議等のＩＴを活用して重要事項説明を行うことができます。しかし、宅建士証については、画面上で相手方に対して必ず提示をしなければなりません。

過去問 ②

（平成25・問30-2・改）

 宅地建物取引業者が、宅地建物取引士をして取引の相手方に対し重要事項説明をさせる場合、当該宅地建物取引士は、取引の相手方から請求がなくても、宅地建物取引士証を相手方に提示しなければならず、提示しなかったときは、20万円以下の罰金に処せられることがある。

  重要事項説明をするときに宅建士証を提示しなければ、10万円以下の過料に処せられます。罰金に処せられるのではありません。

［2］重要事項説明書の記載事項

重要事項説明書の記載事項については、試験でも問われるので覚えておく必要があります。❶取引物件についての事項、❷取引条件についての事項、❸マンション（区分所有建物）の場合の説明事項、❹貸借の場合の説明事項と4つに分類すると、理解しやすくなります。

❶取引物件についての記載事項

取引する物件(宅地・建物)に直接関わる重要事項です。

> **取引物件についての記載事項**
> ①登記上の権利
> ②都市計画法や建築基準法その他の法令に基づく制限
> ③私道に関する負担
> ④電気・ガス・飲用水の供給および排水のための施設整備状況
> ⑤未完成物件の場合、完了時における宅地・建物の形状・構造等
> ⑥既存建物の場合の建物状況調査（インスペクション）実施について
> ⑦その他国土交通省令等で定める事項

①登記上の権利

不動産の所有者や抵当権の有無などを説明します。

> **内容**
> ・登記された権利の種類や内容、登記名義人
> ・登記上の表題部に記録された所有者の氏名(法人ならその名称)
> ☆抹消される予定の抵当権についても、説明は省略できません。

 用語解説

抵当権
金融機関から住宅ローンを借りるなどしたときに、不動産に設定する担保のことです。
☆詳しくは② **権利関係の講義6「抵当権」**で学びます。

②都市計画法や建築基準法その他の法令に基づく制限

計画的に都市をつくっていくため、また建物の安全性を確保するためにも、土地を利用するにあたって、都市計画法や建築基準法などの法令で制限が加えられていることがあります。こうした制限があることで、購入者が「土地を買ったのに希望どおりの家を建てられない」というような事態にならないようにするため、制限についてあらかじめ説明をします。

> **内容**
> ・**都市計画法**：開発行為の許可
> ・**建築基準法**：容積率・建蔽率（けんぺいりつ）の制限
> ・**国土利用計画法**：土地に関する権利の移転の許可・届出
> ・**宅地造成及び特定盛土等規制法**：宅地造成等に関する工事の許可
> ・**農地法**：農地の転用目的の権利移動の制限　　　などが含まれます。
> ☆上記の法令については、ベーシックブック③ **法令上の制限**で詳しく学びます。

ココに注意！

建物の貸借では、建物を建てる場合に関係する建蔽率や容積率、用途制限、私道の負担などについては説明事項には含まれません。また、宅地の貸借の契約であれば、土地所有者のみに適用される制限は説明事項に含まれません。

③私道に関する負担

個人や法人の所有地を道路として使用しているものが「私道」です。私道は所有地扱いとなるのですが、建物を建てるための敷地から除外しなければなりません。そのため、取引の目的物に私道があれば私道負担に関する事項（私道として負担しなければならない面積（セットバック）など）を、もし私道負担がない場合は、その旨を説明しておく必要があります。契約が建物の貸借であれば説明不要ですが、土地の貸借の場合は説明しなくてはなりません。

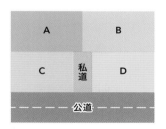

☆私道部分には建築できません。

☆セットバックについては、ベーシックブック③ **法令上の制限の講義3「建築基準法」**で詳しく学びます。

用語解説 公道
国や都道府県、市区町村が指定、管理する道路のことです。国道、県道、市町村道、計画道路などが該当します。

④電気・ガス・飲用水の供給および排水のための施設整備状況

電気やガス、飲用水の施設が使えるかどうかを説明します。ガスの場合は、都市ガスなのかプロパンガスなのかも説明が必要です。整備されていない場合においては、その整備の見通しや整備についての負担(金銭面での負担)があるかを説明します。

⑤未完成物件の場合、完了時における宅地・建物の形状・構造等

宅地の場合は、その道路の形状や構造のほかに、工事完了時の宅地に接する道路の構造(舗装か未舗装かなど)・幅員を説明します。建物の場合は、主要構造部のほかに、工事完了時の内装・外装の構造または仕上げ、設備の設置・構造を説明します。

ココに注意!

未完成物件の場合は、完成したときの形状や構造について、図面を交付して説明します。

⑥既存建物の場合の建物状況調査(インスペクション)実施について

建物状況調査を実施している場合には、その結果の概要、設計図書、点検記録、その他の建築および維持保全の状況に関する書類で、国土交通省令で定める書類の保存状況について説明します。なお、**建物状況調査の実施は義務ではありません。**

⑦その他国土交通省令等で定める事項

防災上安全か、石綿(アスベスト)使用の有無、耐震診断の内容、住宅性能評価について、説明をします。

国土交通省令等で定める記載事項	売買・交換		貸借	
	宅地	建物	宅地	建物
ア.造成宅地防災区域内にあるとき	○	○	○	○
イ.土砂災害警戒区域内にあるとき	○	○	○	○
ウ.津波災害警戒区域内にあるとき	○	○	○	○
エ.水害ハザードマップにおける宅地・建物の所在地	○	○	○	○
オ.石綿(アスベスト)使用の有無の調査結果	―	○	―	○
カ.耐震診断の調査結果	―	○	―	○
キ.住宅性能評価を受けた新築住宅	―	○	―	―

ア〜ウ. 防災・災害を警戒すべき区域内にあるとき

取引物件がこの区域内にある場合、台風や地震による災害が起こりやすいと考えられるため、売買だけでなく、建物の貸借の場合であっても説明する必要があります。

☆造成宅地防災区域については、ベーシックブック③ **法令上の制限の講義7「宅地造成及び特定盛土等規制法」**で詳しく学びます。

エ. 水害ハザードマップにおける宅地・建物の所在地

水防法に基づき作成された水害ハザードマップにおける取引対象の宅地または建物の所在地について説明します。提示すべき水害ハザードマップが存しない場合は、その旨を説明します。

オ. 石綿(アスベスト)の使用の有無の調査結果

石綿の使用の有無について調査結果があれば、調査の実施期間、調査年月日などを説明します。ただし、**宅建業者が調査を行う必要はありません。**

カ. 耐震診断の調査結果

耐震診断を受けていれば、その内容を説明します。売買・交換だけでなく、貸借の場合も説明が必要です。建物については、昭和56年6月1日以降に新築された「新耐震基準」の建物は除きます。ただし、**宅建業者が耐震診断を行う必要はありません。**

キ. 住宅性能評価を受けた新築住宅

住宅性能評価を受けた新築住宅の売買・交換の場合は、説明必要です。新築でも、**建物の貸借であれば説明は不要**です。

❷取引条件についての記載事項

実際に取引(契約)することになった場合の内容についても、重要事項では説明します。

> **取引条件についての記載事項**
> ①代金、交換差金および借賃以外に支払われる金銭の額と授受の目的
> ②契約の解除に関する事項
> ③損害賠償額の予定または違約金に関する事項
> ④手付金等の保全措置の概要
> ⑤支払金、預り金の保全措置の有無および措置の概要
> ⑥あっせんする住宅ローンの内容、住宅ローン不成立のときの措置
> ⑦売主の担保責任(契約不適合責任)の履行措置について
> ⑧割賦販売に関する事項

①代金、交換差金および借賃以外に支払われる金銭の額と授受の目的

売買代金や賃料以外に支払われる、手付金や賃借の場合の敷金（保証金）、契約更新料などについて、額と授受の目的を説明します。

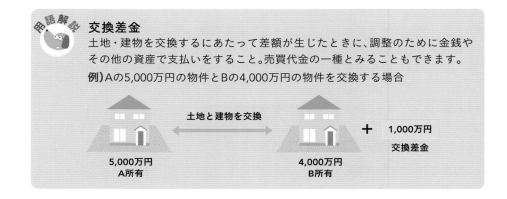

用語解説

交換差金
土地・建物を交換するにあたって差額が生じたときに、調整のために金銭やその他の資産で支払いをすること。売買代金の一種とみることもできます。

例） Aの5,000万円の物件とBの4,000万円の物件を交換する場合

土地と建物を交換

5,000万円
A所有

4,000万円
B所有

＋ 1,000万円
交換差金

ココに注意！
　重要事項説明には、代金や賃料、その支払時期や方法については含まれていません。

②契約の解除に関する事項

どんな場合に契約を解除できるのか、解約の手続方法などについて説明します。
特に定めがない場合は、ない旨を説明します。

③損害賠償額の予定または違約金に関する事項

契約違反をした場合の損害賠償額や違約金に関する事項の有無を説明します。特に定めがない場合は、ない旨を説明します。

④手付金等の保全措置の概要（売主が宅建業者のとき）

手付金等とは、手付金とその他物件の引渡し前に買主が売主の宅建業者に支払う金銭のことです。引渡し前に支払う金銭なので、万が一、宅建業者が倒産した場合などに備え、保全措置を講じることがあります。宅建業者が一般の買主に対して保全措置を講じる場合に、保全措置を行う機関の種類や名称などを説明します。宅建業者が保全措置を講じないときは、その旨を説明します。
☆手付金等の保全措置については、p148で詳しく学びます。

⑤支払金、預り金の保全措置の有無および措置の概要

支払金や預り金（本来、売主などへ渡すべきもの）を宅建業者が受領するにあたっての保全措置の有無（行うかどうかは任意）と、講じる場合は保全措置の概要（保全措置を行う機関の名称など）を説明します。50万円未満のもの、保全措置の講じられている手付金等については支払金、預り金には含まれないので、説明は不要です。

⑥あっせんする住宅ローンの内容、住宅ローン不成立のときの措置

融資条件（ローンの取扱い金融機関、融資額、融資期間や金利など）や融資が不成立となった場合の措置について説明します。

⑦売主の担保責任（契約不適合責任）の履行措置について

宅地・建物の売主の担保責任（契約不適合責任）の履行について、保証保険契約の締結や銀行などによる連帯保証の措置を講ずるか、また、その措置を講ずる場合の概要を説明します。宅建業者が売主の場合の新築住宅の売買では、保険の加入または保証金の供託が義務づけられており、それらの措置について説明する場合があります。

⑧割賦販売に関する事項

現金販売価格、割賦販売価格、引渡しまでに支払う金銭の額、支払時期などについて説明します。

用語解説

割賦販売（かっぷ はんばい）

宅地または建物の引渡し後1年以上の期間にわたり、売買代金を2回以上に分割して一定額を支払う方法で販売することです。住宅ローンのように、金融機関が買主に売買代金を融資するわけではなく、買主が売主業者に直接分割代金を支払うしくみとなっています。

❸マンション（区分所有建物）の場合の記載事項

マンション（区分所有建物）の場合は、次の表にあるマンション特有の事項についても通常の重要事項説明に加えて説明する必要があります。売買・交換の場合であれば、すべての項目を説明しますが、**貸借の場合はp120表の①と②のみとなります。**

区分所有建物の記載事項	売買・交換	貸借
①専有部分の用途・その他の利用の制限に関する規約の定め	○	○
②管理の委託先	○	○
③一棟の建物の敷地に関する権利の種類・内容	○	―
④共用部分に関する規約の定め	○	―
⑤専用使用権	○	―
⑥修繕積立金の内容	○	―
⑦通常の管理費用	○	―
⑧修繕積立金・管理費などの特定の者への減免に関する規約	○	―
⑨維持修繕の実施状況とその記録内容	○	―

①専有部分の用途・その他の利用の制限に関する規約の定め

規約で専有部分の用途・その他の利用の制限がある場合には、その内容を説明します。たとえばペット飼育の禁止、楽器使用の禁止といった制限についてです。これは貸借であっても住むうえで知っておいてもらわないと困る事項なので、必ず説明します。それがまだ規約の案の段階であっても説明が必要です。

②管理の委託先

マンション管理業者に管理が委託されているときは、その委託を受けている者の氏名および住所（商号・名称および主たる事務所の所在地）を説明します。ただし、管理の内容までは不要です。なお、管理の委託先については、貸借の場合でも説明は必要です。

③一棟の建物の敷地に関する権利の種類・内容

マンションの権利、所有権や借地権などについて説明します。借地権の場合は、地代の有無や存続期間についても説明する必要があります。

④共用部分に関する規約の定め

共用部分に関する規約の定め（案を含む）があれば、その内容を説明します。たとえば規約で、専有部分を共用部分（マンションの集会室など）にすることが定められているなら、その説明が必要です。規約がないときは案を説明します。

⑤専用使用権

特定の者にのみ、建物や敷地の一部の使用を許可するといった「専用使用権」を定めているときは、その内容を説明します。たとえば、専用庭や専用駐車場などの専用使用権についてです。もし、使用料が発生するのであれば、その旨も説明します。使用者の氏名や住所まで説明する必要はありません。

⑥修繕積立金の内容

マンションの修繕積立金（維持修繕に必要な費用の積立金）についての規約の定め（案を含む）があるときは、その額、中古マンションの場合なら、これまでの積立額があれば、その額を説明します。滞納額があれば、その額も伝えます。

⑦通常の管理費用

所有者が月々負担する管理費の額を説明します。滞納があれば、その額も説明します。

⑧修繕積立金・管理費などの特定の者への減免に関する規約

本来、修繕積立金や管理費といったものは、マンションの所有者全員が負担しなければなりません。特定の者のみに修繕積立金や管理費を減免したり、免除する規約の定め（案を含む）がある場合は、あらかじめ説明しておく必要があります。

⑨維持修繕の実施状況とその記録内容

維持修繕の実施状況が記録されているときは、その内容を説明します。記録がない場合には説明する必要はありません。

❹貸借の場合の記載事項

貸借の代理・媒介の記載事項	宅地	建物
①台所・浴室・便所その他の設備の整備状況	－	○
②契約の期間・更新について	○	○
③定期借地権・定期借家権など	○	○
④宅地または建物の用途その他の利用の制限	○	○
⑤敷金その他金銭の精算について	○	○
⑥宅地、建物の管理の委託先の氏名・住所（商号・所在地）	○	○
⑦契約終了時における借地上の建物の取壊しに関する事項	○	－

①台所・浴室・便所その他の設備の整備状況

台所、浴室、便所などの設備の整備状況について説明します。居住用だけでなく、事業用建物の貸借の媒介の場合も説明が必要です。土地の場合は設備自体がないので説明不要です。

②契約の期間・更新について

契約期間（契約が2年ごとであればその旨）などについて説明します。定めがない場合にはその旨を説明します。

③定期借地権、定期借家権など

定期借地権、定期借家権は期間の定めのある特殊な賃貸借なので、通常の賃貸借と異なり、更新がないことを説明します。土地の賃貸借の場合も説明が必要です。

☆定期借地権、定期借家権については、ベーシックブック② **権利関係の講義15「借地借家法(借地)」、講義16「借地借家法(借家)」**で詳しく学びます。

④宅地または建物の用途その他の利用の制限

ペットの飼育禁止、事務所使用不可などの制限があれば説明します。

⑤敷金その他金銭の精算について

敷金、保証金など、契約終了時に精算が必要な金銭について説明します。たとえば、賃料を滞納した場合は敷金が充当されるといったことなどです。定めがないときはその旨を説明します。

⑥宅地、建物の管理の委託先の氏名・住所(商号・所在地)

マンションやアパートの管理を賃貸管理業者に委託していれば、委託先の氏名、住所(商号・所在地)を説明します。

⑦契約終了時における借地上の建物の取壊しに関する事項

土地の貸借の契約終了時に、建物を取り壊し、更地にして返還しなければならない条件などがある場合は、その旨を説明します。

ココに注意!

建物の貸借の媒介を行う場合、消費生活用製品安全法に規定する特定保守製品(ガス瞬間湯沸器、ビルトイン式電気食器洗機、浴室用電気乾燥機など)の保守点検に関する事項の説明は不要です。

（平成23・問34-1・改）

 宅地建物取引業者は、抵当権に基づく差押えの登記がされている建物の貸借の媒介をするにあたり、貸主から当該登記について告げられなかった場合であっても、35条書面に記載しなければならない。

  ○ 登記された権利の種類や内容については、重要事項説明書（35条書面）の記載事項であり、売主から告げられていなくても、記載しなければなりません。

（令和元・問41-4）

 宅地建物取引業者が行う宅地建物取引業法第35条に規定する重要事項説明では、代金、交換差金又は借賃の額を説明しなければならないが、それ以外に授受される金銭の額については説明しなくてよい。

  × 代金、交換差金、借賃の額は、契約書面（37条書面）の必要記載事項であり、重要事項説明（35条書面）の説明事項ではありません。しかし、代金、交換差金、借賃以外に授受される金銭の額や授受の目的については、重要事項説明の説明事項となります。

過去問 ③

 宅地建物取引業者が建物の売買の媒介の際に行う宅地建物取引業法第35条に規定する重要事項の説明に関し、当該建物（昭和56年5月31日以前に新築の工事に着手したもの）が指定確認検査機関、建築士、登録住宅性能評価機関又は地方公共団体による耐震診断を受けたものであるときは、その旨を説明しなければならない。

   耐震診断を受けている場合は、その内容を重要事項として説明します。その旨、つまり、耐震診断を受けていることだけ説明すればよいのではなく、内容の説明まで必要だということです。

過去問 ④

 宅地建物取引業者Aが、マンションの分譲に際して行う宅地建物取引業法第35条の規定に基づく重要事項の説明に関して、建物の区分所有等に関する法律第2条第4項に規定する共用部分に関する規約がまだ案の段階である場合、Aは、規約の設定を待ってから、その内容を説明しなければならない。

  共用部分に関する規約が案の段階である場合は、その案の内容を重要事項として説明する必要があります。

過去問 ⑤

 区分所有権の目的である建物の貸借の媒介を行う場合に宅地建物取引業者が行う宅地建物取引業法第35条に規定する重要事項の説明において、その専有部分の用途その他の利用制限に関する規約の定めがあるときはその内容を説明する必要があるが、1棟の建物又はその敷地の専用使用権に関する規約の定めについては説明する必要がない。

   マンション（区分所有建物）の売買や交換の場合、専用使用権に関する規約の定めがあれば、重要事項として説明する必要がありますが、貸借の場合は不要です。

建物の貸借の媒介を行う場合、契約の期間については重要事項として説明する必要があるが、契約の更新については、宅地建物取引業法第37条の規定により交付すべき書面への記載事項であり、説明する必要はない。

 ✕ 建物の貸借の媒介を行う場合、契約期間だけでなく、契約の更新についても、重要事項説明書（35条書面）の記載事項となるため、説明する必要があります。

2 業務に関する禁止事項（不告知等の禁止）

［1］重要事項の不告知の禁止

宅建業者は、宅地や建物の売買、交換もしくは貸借の契約の締結の勧誘の際、または契約の申込みの撤回や解除、宅建業に関する取引で生じた債権の行使を妨げるために、下記の一定事項について故意に事実を告げなかったり、不実のことを告げる（うそを言ったりする）ことは禁止されています。契約を結びたいからといって、相手方に故意に事実を告げないと、宅建業法違反となるのです。

一定事項

①重要事項の説明等（相手が宅建業者の場合は口頭での説明は不要）
②供託所等の説明（相手が宅建業者の場合は不要）
③宅建業者の相手方等の判断に重要な影響を及ぼすこととなるもの
☆宅地や建物の所在、規模、形質、現在・将来の利用の制限、環境、交通等の利便、代金、借賃等の対価の額、支払方法、その他の取引条件などです。

■重要な事実の不告知等の禁止にあたる場合

①宅建業者の従業者が勧誘に先立って、投資用マンションの売買契約の締結が勧誘の目的である旨を告げなかった。

②宅建業者がマンションの売買の契約について勧誘をするにあたり、マンションの近隣にゴミの集積所の設置計画があるにもかかわらず、そのことを故意に告げなかった。

説明義務に違反したら？
監督処分としては、業務停止処分、情状が特に重いときは免許取消処分となります。罰則としては、2年以下の懲役、300万円以下の罰金、またはこれの併科となります。重要事項の不告知においては、過失免責となりますが、場合によっては業務停止処分となることもあります。

＼ 過去問を解こう ／

（平成28・問34-2）

> 宅地建物取引業者Aが、分譲マンションの購入を勧誘するに際し、うわさをもとに「3年後には間違いなく徒歩5分の距離に新しく私鉄の駅ができる」と告げた場合、そのような計画はなかったとしても、故意にだましたわけではないので宅地建物取引業法には違反しない。

「間違いなく徒歩5分の距離に新しく私鉄の駅ができる」と、断定的な判断で相手方に誤解を与えるような行為は禁止されています。故意にだますつもりではなかったとしても、宅建業法違反となります。

127

宅建業者は、宅建業者の相手方等（宅建業者は除く）に対して、売買、交換または貸借の契約が成立するまでの間に、供託所等に関する事項の説明をしなくてはなりません。

●**契約成立するまでに説明**（口頭でも可能）

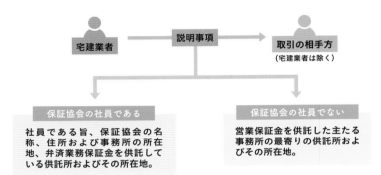

保証協会の社員である	保証協会の社員でない
社員である旨、保証協会の名称、住所および事務所の所在地、弁済業務保証金を供託している供託所およびその所在地。	営業保証金を供託した主たる事務所の最寄りの供託所およびその所在地。

ココに注意！

供託所等に関する説明は重要事項の説明とは異なるので、書面を交付などして宅建士が説明を行う必要はありません。なお、供託額については、この説明事項には含まれていません。

3 契約書面（37条書面）の交付

契約が成立したら、宅建業者は契約内容を記載した書面（宅建業法では第37条で規定されている書面であることから、37条書面とも呼ばれます）を交付する必要があります。交付時期や内容についてみていきましょう。

［1］書面の交付時期と義務

宅建業者は、相手方と契約を締結したときには、契約の両当事者（売主・買主、貸主・借主）に対して、遅滞なく一定事項を記載した書面を交付または電磁的方法による提供をしなくてはなりません。取引相手が宅建業者の場合も同様です。宅建業者は、契約書面を作成したときは、宅建士に記名させなければなりません。

☆契約書面(37条書面)を相手に電磁的方法で提供した場合は、宅建業者は契約書面(37条書面)を交付したものとみなします。

●重要事項説明書（35条書面）と契約書面（37条書面）の違い

	重要事項説明書(35条書面)	契約書面(37条書面)
交付時期	契約が成立するまでの間	契約成立後に遅滞なく
交付する者	宅建業者が宅建士に交付をさせる ☆宅建業者に対しては、交付は必要だが、宅建士による説明は不要	宅建業者
交付の相手	買主・借主。交換の場合は両当事者 ☆売主や貸主には不要	契約の両当事者 買主・売主 借主・貸主
記名	宅建士による記名が必要	
説明	宅建士による説明が必要(宅建業者に対しては不要) ☆説明時は必ず宅建士証を提示する	**宅建士による説明は不要**
交付場所	限定なし。事務所でなくてもよい	

●契約書面（37条書面）の交付（媒介・代理）

| 媒 介 | 売買・交換、貸借 ➡ 契約の各当事者に交付 |

| 代 理 | 売買・交換、貸借 ➡ 相手方、代理を依頼した者に交付 |

| 宅建業者が自ら当事者 | ➡相手方に交付 |

☆37条書面は必ず書面で交付または電磁的方法により提供することが必要です。

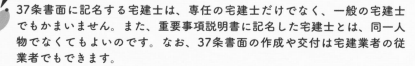

ココに注意！

37条書面に記名する宅建士は、専任の宅建士だけでなく、一般の宅建士でもかまいません。また、重要事項説明書に記名した宅建士とは、同一人物でなくてもよいのです。なお、37条書面の作成や交付は宅建業者の従業者でもできます。

> 宅地建物取引業者は、37条書面を交付する際に、相手方の同意があった場合は、書面に代えて、電磁的方法で交付することができる。

  ○　相手方の同意があった場合は、電磁的方法で提供することができます。

［2］交付する書面（37条書面）の記載事項

❶契約書面（37条書面）に必ず記載する事項（必要的記載事項）

必ず記載する事項	売買・交換	貸借	重説への記載
①当事者の氏名（法人は名称）および住所	○	○	―
②宅地・建物を特定するために必要な表示（所在・地番など）	○	○	―
③代金・交換差金・借賃の額、支払時期、支払方法	○	○	―
④宅地・建物の引渡し時期	○	○	―
⑤移転登記の申請の時期	○	―	―
⑥既存建物の場合、建物の構造耐力上主要な部分等の状況で、当事者双方で確認した事項	○	―	―

ココに注意！

登記された権利の種類、法令上の制限、私道負担については契約書面（37条書面）の記載事項ではありません。重要事項説明書の記載事項です。

❷特に定めがあれば記載する事項（任意的記載事項）

特に定めがあれば記載する事項	売買・交換	貸借	重説への記載
⑦代金・交換差金・借賃以外に授受する金銭の額、時期、目的	○	○	○ (☆1)
⑧契約の解除に関する定め	○	○	○
⑨損害賠償額の予定・違約金に関する定め	○	○	○
⑩あっせんする住宅ローンに関する定めがあるときは、住宅ローン不成立の場合の措置	○	—	○
⑪売主の担保責任（契約不適合責任）の履行に関して講ずべき保証保険契約の締結その他の措置についての定め	○	—	○ (☆2)
⑫売主の担保責任（契約不適合責任）の内容についての定め	○	—	—
⑬天災その他不可抗力による損害の負担(危険負担)に関する定め	○	○	—
⑭租税その他の公課の負担(税金)に関する定め	○	—	—

☆1 重要事項説明書(35条書面)には、代金・交換差金等の記載はありません。

☆2 貸借の場合は不要です。

⑪売主の担保責任（契約不適合責任）の履行に関して講ずべき保証保険契約の締結その他の措置についての定め

住宅瑕疵担保履行法による瑕疵担保責任の履行措置(資力確保措置 p177参照)については、重要事項説明書と同様に、住宅販売瑕疵担保保証金と住宅販売瑕疵担保責任保険の2種類があるので、どちらの方法をとるかを契約書面(37条書面)に記載します。ただし、民法の売主の担保責任(契約不適合責任)の内容についても定め(特約)がある場合には、記載が必要です。

ココに注意！

契約書面（37条書面）の作成・交付等については、貸借の媒介契約の場合でも必要です。媒介契約書の場合と異なりますので注意しましょう。ただし、宅建業者が自ら貸主となる場合は、宅建業法の適用外のため、契約書面（37条書面）の作成・交付等は不要です。

過去問を解こう

＼ 過去問 ① ／

（令和元・問36-イ・改）

Q 宅地建物取引業者Aが自ら貸主として宅地の定期賃貸借契約を締結した場合において、借賃の支払方法についての定めがあるときは、Aは、その内容を37条書面に記載しなければならず、借主が宅地建物取引業者であっても、当該書面を交付または電磁的方法により提供しなければならない。

  自ら貸主として貸借する場合は、宅建業に該当しないので、宅建業法は適用されません。ですから、Aは37条書面の交付をする必要がないのです。借主が、宅建業者であっても37条書面の交付等は不要です。

＼ 過去問 ② ／

（令和4・問32-4）

Q 宅地建物取引業者である売主と宅地建物取引業者ではない個人との建物の売買において、建物の品質に関して契約の内容に適合しない場合におけるその不適合を担保すべき責任について特約を定めたときは、37条書面にその内容を記載しなければならない。

 自ら売主の宅建業者で、宅地もしくは建物の売主の担保責任（契約不適合責任）の履行についての定めがあるときは、その内容を37条書面に記載する必要があります。

● 重要事項説明書と契約書面／学習のポイント
（37条書面）

重要事項説明書と契約書面（以下、37条書面）は試験でもよく出題されますので、それぞれの記載項目の内容や、その違いは必ず押さえておきましょう。基本的には、重要事項説明書には物件の説明や、契約までに買主（借主）に知っておいてほしいこと、37条書面には売主と買主の取引に関する互いの約束が書かれているというイメージです。したがって37条書面には物件に関する説明などは記されません。とはいえ、重複するところも多く、きれいに分けるのは難しいですね。特徴的な点から覚えていきましょう。

たとえば、どんな点ですか？

p130-131の37条書面の表を見てもらえるかな？　重要事項説明書では、土地や住宅の代金や借賃の額については、記載事項ではありません。これは、37条書面での記載事項ですね。手付金等の保全措置については、37条書面に項目がないので、重要事項説明書だけの記載事項となります。それぞれの項目を比較しながら覚えていくと、頭に入れやすいですよ。また、過去問などでは引渡しの時期（37条書面に記載）についてもよく聞かれるので、そのように過去問でよく出題されるポイントから押さえるのも良い方法です。

けっこう複雑そうだけど……。

 これから説明する3つのポイントを押さえてください！

先輩、お願いします！

ここをしっかりチェックしておこう！

ポイント その1

重要事項説明書と37条書面、それぞれの項目を一つひとつ比較しながら覚えよう。

ポイント その2

重要事項説明書ではこの2つがカギになります！

①貸借の記載事項を覚えよう
契約の期間・更新についてや、敷金その他金銭の精算については重要事項説明書で必ず説明します。こうした特有の事項も試験で問われやすい点です。

②区分所有建物の場合は貸借の場合の記載事項に注意！
売買・交換と貸借の違いを押さえること。p120の表のように、「専有部分の用途・その他の利用の制限に関する規約の定め」と「管理の委託先」だけが、貸借では必要な記載事項となります。

ポイント その3

37条書面では、貸借の場合に不要な記載事項を押さえよう！

貸借の場合に不要な事項
〔必要的記載事項〕
・移転登記申請の時期
・既存建物の場合、建物の構造体力上主要な部分等の状況で、当事者双方で確認した事項

〔任意的記載事項〕
・あっせんする住宅ローンに関する定めがあるときは、住宅ローン不成立の場合の措置
・売主の担保責任（契約不適合責任）の履行に関して講ずべき保証保険契約の締結その他の措置についての定めがあるときの内容
・売主の担保責任（契約不適合責任）についての定めがあるときの内容
・租税その他の公課の負担に関する定め

なるほど、細かく見ていくと違いがわかりますね……。

 ていねいに学習していきましょう！

はい！

講義8

自ら売主の
8種制限

宅建業者は取引のプロですので、自分が売主になって、

取引に不慣れな一般の買主と直接取引をするケースでは、

自らの利益のみを考えすぎて、

一般の買主に不利な契約をすることも考えられなくはありません。

そこで、宅建業者が自ら売主で、

買主が宅建業者以外（一般消費者など）となる売買契約の場合には、

「クーリング・オフ」や「損害賠償額の予定等の制限」など

8種類の制限を設けることで、一般の買主を保護する規定を設けています。

1 8種制限の特徴

宅建業者が売主で、一般消費者が買主となる場合にだけ適用される8種類のルールがあります。不動産取引のプロである宅建業者が、取引に不慣れな一般消費者に不利な契約をさせたりしないようにするためです。なお、この8種制限は、宅建業者間の取引では適用されません。プロ同士の取引となるからです。

●8種制限の2つの特徴

8種制限の適用を受ける

宅建業者が自ら売主で、買主が宅建業者以外（以下、一般の買主という）の場合

8種制限の規制を受けない

宅建業者間の取引や、売主が宅建業者以外で、買主が宅建業者である取引の場合

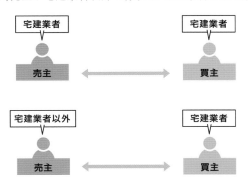

2 8種制限の種類

［1］8種制限の種類と内容

自ら売主となる宅建業者は、宅建業者以外の買主と契約するにあたり、次の8つの
ルールが設けられています。

8種制限の種類

❶自己の所有に属しない物件の売買契約締結の制限

❷クーリング・オフ

❸損害賠償額の予定等の制限

❹手付の額の制限等

❺売主の担保責任（契約不適合責任）についての特約の制限

❻手付金等の保全措置

❼割賦販売契約の解除等の制限

❽割賦販売における所有権の留保等の禁止

❶自己の所有に属しない物件の売買契約締結の制限

（1）他人物売買の制限

 民法 では

他人の所有物を入手する前に売ってもよいと認められています。これを他人物売買といいます。こうした売買契約を行うと、売主は他人の所有物を入手して、買主に引き渡す義務が生じます。

↓

> しかし、売買の契約をした物件（宅地や建物）を他人から入手できなかった場合は、売買契約を履行できず、トラブルをまねく可能性があります。

↓

そこで

宅建業法 では

自ら売主の宅建業者に対して、原則として自己が所有していない物件の売買契約（予約を含む）の締結を禁止しています。

（2）他人物の売買契約が認められる例外

他人が所有している物件であっても、例外として、売買が認められる場合があります。

①すでに宅建業者が所有者と、物件（宅地・建物）を取得する契約を締結あるいは予約をしている場合

一般の買主との間で売買契約や予約は可能

売主である宅建業者は、一般の買主との間で売買契約や予約ができます。物件の所有者が、宅建業者であるかどうかは関係ありません。ただし、停止条件付き契約は禁止されています。

 用語解説 停止条件付き契約

一定の条件が成就したときにだけ、有効になる契約のことです。

例）「転勤が決まったら、家を売ります」「宅建士試験に合格したら車をあげます」といった契約

☆停止条件については、ベーシックブック②権利関係の講義7「契約」で詳しく学びます。

●他人所有物の売買の契約

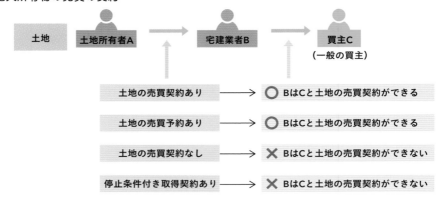

②未完成物件の場合

未完成物件も所有権の帰属があいまいなため、原則として宅建業者が自ら売主の場合、未完成物件の売買契約や予約は禁止されています。ただし、**手付金等の保全措置（p148）の規定に適合している場合は、未完成物件であっても、売買契約や予約をすることができます。**
☆工事等に係る許可等は必要です（宅建業者間の取引でも）。

❷クーリング・オフ

（1）クーリング・オフ制度とは

クーリング・オフとは、宅建業者が自ら売主となる売買契約で、買主が書面により申し出ることで、売買契約の解除や買受けの申込みを撤回できる制度のことです。

（2）クーリング・オフによる契約解除の方法と効果

契約解除の方法	買主が、宅建業者の事務所等（クーリング・オフ制度が適用されない事務所等）以外で、買受けの申込みや売買契約をした場合、書面により、契約の解除（申込みの撤回）ができる

効果	・宅建業者である売主はたとえ履行に着手していても契約解除は拒めない ・違約金や損害賠償を請求することはできない ・受領していた手付金などがあるときは、速やかに全額を返還しなければならない

●クーリング・オフの流れ

事務所等以外の場所

買います

やっぱり申込みを撤回したい…

売主に通知しよう

売主	買主
(宅建業者)	(一般の買主)

①買受けの申込み、または売買契約の締結

②申込みの撤回をする

③必ず書面で撤回・解除を行う(発信主義)

④買受けの申込みまたは売買契約の解除をできる

用語解説

発信主義
買主がクーリング・オフの書面を発した時(消印の日)に、契約解除の効力が生じます。これが発信主義です。このため、クーリング・オフは必ず書面でする必要があるのです。

（3）クーリング・オフ制度が適用できない場所

次の場所ではクーリング・オフが適用されません。非対面の場合は、申込みや契約時に買主がいた場所で判断します。

宅建士の設置義務がある場所

宅建業者の事務所・案内所等（テント張りは除く）
☆他の宅建業者が代理・媒介を行う場合、
　その宅建業者の事務所・案内所等も含みます。

買主の自宅・勤務先

買主から申出があった場合の
買主の自宅または勤務先
☆売主からの申出ではありません。

ココに注意！

事務所等で買主が買受けの申込みや契約を締結したときには、クーリング・オフはできません。冷静な判断ができる場所とみなされるからです。なお、買主の申出で指定された場所がクーリング・オフのできない場所等に該当するのは、自宅と勤務先だけです。買主が申し出たとしても、そこが喫茶店や銀行などの場合、買主はクーリング・オフできます。

宅建業法

講義8　自ら売主の8種制限

●クーリング・オフ制度を適用できる場所は？

①テント張りなどの現地案内所

②喫茶店、レストラン、銀行など

宅建士の設置義務がある案内所でもできます。

ココに注意！

取引にまったく関係のない宅建業者の事務所であれば、クーリング・オフは可能です。しかし、売主である宅建業者から媒介の依頼を受けた宅建業者の事務所であれば、クーリング・オフは適用できません。媒介の依頼を受けている宅建業者の事務所ですから、買主側も冷静な判断ができると考えるのです。

（4）買受けの申込みの場所と契約締結の場所が違う場合

「申込みの場所」と「契約締結の場所」が違う場合には、「申込みの場所」で、クーリング・オフが適用されるかどうかを判断します。

●申込みの場所と契約締結の場所が違う場合

申込みの場所	契約締結の場所	クーリング・オフは
事務所・買主の指定した自宅・職場	事務所等以外（喫茶店など）	できない
事務所等以外（喫茶店など）	事務所等	**できる**

こんな場合はどうなる？

宅建業者の事務所等で買受けの申込みをし、喫茶店など事務所等以外の場所で契約を締結した場合

クーリング・オフはできません。
買主が契約の意思表示をした申込みの場所が事務所であれば、買主側が冷静に判断をした、と考えられるからです。

ココに注意！

買受けの「申込みの場所」が事務所等なのかどうかだけ、気をつけていれば大丈夫です。

（5）クーリング・オフができなくなる場合

たとえ、クーリング・オフが適用される場所で契約をしたとしても、次の場合、クーリング・オフは適用されなくなります。

①8日間を経過している

宅建業者からクーリング・オフができること、その方法について、書面で告知された日（当日である初日を含む）から起算して8日が経過した場合は、クーリング・オフはできません。なお、**8日の起算日は、あくまで書面で告知された日**からであり、契約成立日や申込み日ではありません。

例）3月1日に書面で申込みの撤回ができる告知があった場合

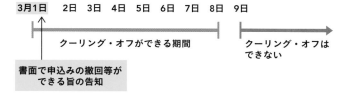

ココに注意！

宅建業者側から、クーリング・オフができることについて書面で告知がなかった場合は、買主は時期を問わずにクーリング・オフをすることができます。書面でクーリング・オフができることを告知されなければ、クーリング・オフの起算日は始まらないからです。

②代金全部を支払い、かつ、物件の引渡しを受けている

買主が宅地・建物の代金全部を支払い、かつ、物件の引渡しを受けた場合は、すでに契約の履行が終了しているのでクーリング・オフはできません。

 物件の代金を全部支払い、かつ、引渡しを受けた場合は、宅建業者からクーリング・オフができる旨の告知を受けていなくても、買主は売買契約を解除することができなくなります。ただし、代金だけしか支払っていないという場合であれば、クーリング・オフが可能です。

❸損害賠償額の予定等の制限

宅建業者を売主とする売買契約では、契約違反があった場合の損害額や違約金の額の上限を定めています。

民法 では

「損害賠償額の予定」といって、相手方の債務不履行による損害が発生した場合、あらかじめ損害賠償額を決めておくことができるようになっています。

ただし、その予定額には上限がなく、万が一のときは消費者が高額な損害賠償額を要求される可能性があります。

そこで

宅建業法 では

損害賠償の額を予定し、または違約金を定めるときは、損害賠償額と違約金の合計額は、代金の額の10分の2（2割）を超えてはならないとしています。なお、**代金の額の10分の2を超えて損害賠償額を予定しても、10分の2を超えた額は無効**となります。

例)1億円の土地と建物を売る場合の損害賠償の予定額

売買代金
1億円
| 10分の2を超える部分 | ⟶ | 無効（2,000万円を超える部分） |
| 10分の2 | ⟶ | 有効（2,000万円まで） |

☆最大2,000万円までしか予定できません。

●損害賠償額の予定の制限額

損害賠償額 ＋ 違約金 ⟶ 売買代金の2割まで

ココに注意!

損害賠償額の予定を定めなかったときは、民法が適用されることになります。
実損額を証明すれば、代金の10分の2を超える損害賠償額を請求できます。
損害賠償額の予定を定めたときは、実損額が予定よりも低くても高くても
予定額となります。

❹手付の額の制限等

手付とは、売買契約の締結にあたり、買主が売主にあらかじめ支払う金銭のことです。買主
は手付金を放棄すれば契約を解除できますが、あまり高額になると放棄しづらくなります。
そこで宅建業法では、手付の額にも制限を設けています。

（1）手付の種類と制限

手付には「証約手付」「違約手付」「解約手付」などの種類がありますが、宅建業者が自ら売主
の場合は、手付は必ず「解約手付」となります。

用語解説　解約手付

契約を解除できる手付のことです。買主は売買契約の締結の際に売主に支
払った手付金を放棄すれば、契約を解除できます。

民法 では

手付の額は上限がなく、当事者間で自由に設定できます。

⬇

> ただし、高額の手付金を支払うことになれば、買主は契約を解除しづらくなります。

⬇

そこで

 宅建業法 では

売買契約の締結に際して、代金の額の10分の2(2割)を超える額の手付は受領することができない、としています。

●**手付額の制限**

(2)手付の解除

当事者の一方が契約の履行に着手するまでの間であれば、買主は手付を放棄して、宅建業者は手付の倍額を現実に提供(手付の倍返し)すれば、契約の解除をすることができます。契約を解除できるのは、相手方が履行に着手するまでです。

例)売主が買主から手付金200万円を受領している場合

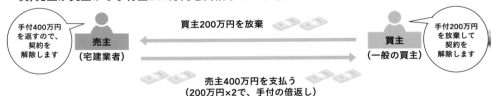

☆どちらから解除をしても、どちらも200万円の損失となります。

ココに注意！

自分がすでに履行に着手していたとしても、相手方が履行に着手していない状態であれば、手付放棄による契約解除は可能です。また、売主が契約解除をするときは、現実に倍額を提供しなくてはなりません。履行に着手とは、たとえば、売主が書類を揃えて買主に対して物件の移転登記の依頼などをすることが該当します。

次のような買主に不利な特約は無効
・宅建業者は受領した手付金の全額を返還するだけで、契約を解除できるとする特約
・手付金を放棄しても契約の解除ができないとする特約　　など

❺売主の担保責任（契約不適合責任）についての特約の制限

売買の目的物に、キズや欠陥など、契約の内容に適合しない場合に、売主が負う責任を「契約不適合責任」といいます。新築の家を買って住んでみて、雨漏りが起きたりした場合は、買主は売主に契約の解除や損害賠償（売主に責任がある場合）、修補や代金の減額を請求できます。売主以外（工務店など）に契約不適合の責任があったとしても、売主が責任を負います。

●契約不適合責任

 では

原則として、目的物の種類または品質の契約内容不適合に関しては、買主が契約不適合を発見した時から1年以内に通知することで、売主に対して契約不適合責任を追及できます。面積が足りないなどの数量や、移転された権利に関する不適合については、通知期間の制限はありません。

・民法の特約
「売主は契約不適合責任を負わない」「修補のみ」といった特約も付けられます。
☆ただし、キズや欠陥があることを知っていながら相手に知らせなかった場合、売主は責任を負う必要があります。

↓

しかし、「契約不適合責任を負わない」という特約は買主にとっては不利です。

↓

そこで

 では

宅建業者は、売買契約において売主が種類または品質について負う担保責任（契約不適合責任）について特約をつける（民法より買主に不利な特約をつける）場合は、通知期間を「引渡しの日から2年以上」となるように制限する特約をつけることのみ可能としています（権利または数量に関する不適合については、このような制限はありません）。
☆これより買主に不利となる特約はできません。した場合は、特約全てが無効になります。

●売主の担保責任（契約不適合責任）の内容

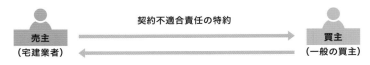

契約不適合責任の特約

売主（宅建業者） → 買主（一般の買主）

買主は売主に対して
追完請求、代金の減額、修補、
損害賠償の請求（売主に責任がある場合）、売買契約の解除ができる

次のような買主に不利な特約は無効（種類・品質に関する不適合の場合）
・売主は担保責任（契約不適合責任）を一切負わないとする特約
・買主は修補の請求のみ可能とする特約
・建物の構造耐力上主要な部分の契約不適合についてだけ責任を負うとする特約
・引渡し日から1年半後までなら契約不適合の責任を負うとする特約　　　　　　など

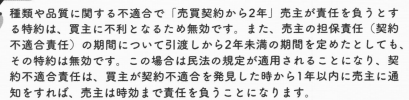

ココに注意！

種類や品質に関する不適合で「売買契約から2年」売主が責任を負うとする特約は、買主に不利となるため無効です。また、売主の担保責任（契約不適合責任）の期間について引渡しから2年未満の期間を定めたとしても、その特約は無効です。この場合は民法の規定が適用されることになり、契約不適合責任は、買主が契約不適合を発見した時から1年以内に売主に通知をすれば、売主は時効まで責任を負うことになります。

☆数量または移転された権利に関して一切契約不適合責任を負わないとする特約は有効です。また、数量や移転された権利に関する不適合には通知期間の規定はありません。

❻手付金等の保全措置

手付金等とは、買主が物件の引渡し前に、売主である宅建業者に支払う手付金や中間金のことです。物件の引渡し前に大きな額を支払ってしまうと、宅建業者が倒産した場合に、買主は物件を入手できない、手付金の返還を受けられない、といった事態に陥る可能性もあります。そのため、宅建業者は原則として手付金等の保全措置を講じてからでないと、手付金等を受領できないしくみになっているのです。

（1）手付金等の保全措置

万が一宅建業者が、買主から受領した手付金等を返せなくなった場合、代わりに銀行や保険会社に支払ってもらったり、指定保管機関から取り戻したりしてもらう措置を講じます。宅建業者が義務に違反して保全措置を講じない場合、買主は手付金等の支払いを拒むことができます。

●保全措置の種類

①銀行等の連帯保証	宅建業者が受領した手付金等の返還債務について、銀行等が買主に対して、その債務を宅建業者と連帯して保証します。
②保険事業者の保証保険	宅建業者が受領した手付金等を返還できなくなった場合、保険事業者の保険金で填補することを約する契約です。
③指定保管機関（保証協会）による保管	指定保管機関が宅建業者を代理して、手付金等を受領し保管する方法です。

●未完成物件と完成物件での保全措置の違い

未完成物件
①銀行等の連帯保証
②保険事業者の保証保険

完成物件
①銀行等の連帯保証
②保険事業者の保証保険
③指定保管機関による保管

●手付金等の保全措置

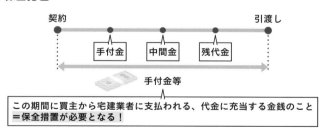

契約　　　　　　　　　　　　　　　　引渡し

手付金　中間金　残代金

手付金等

この期間に買主から宅建業者に支払われる、代金に充当する金銭のこと
＝保全措置が必要となる！

☆引渡し時に支払う残代金は手付金等に含みません。

ココに注意！

指定保管機関（保証協会）による保管は、未完成物件には適用できません。

（2）手付金等の保全措置が不要な場合

登記	買主へ所有権の移転登記がされたとき （買主が所有権の保存登記をした場合）	
手付金等の額が少額の場合	未完成物件 ➡	代金の5％以下、かつ、1,000万円以下
	完成物件 ➡	代金の10％以下、かつ、1,000万円以下

●未完成物件と完成物件の場合の保全措置

●手付金等は全額保全が必要

手付金等は受領する全額の保全が必要です。5％または10%を超えている部分だけではありません。

ココに注意！

買主への所有権移転の登記がされると、買主は権利が得られるため、手付金等の保全措置は不要となります。

こんな場合はどうなる？

●売主の宅建業者が宅建業者ではない買主と、工事完了前の建物を1億円で売買契約した場合

例）**宅建業者が手付金500万円、中間金3,000万円を買主から受け取るとする**

保全対象額

手付金500万円を受領する際は保全措置は不要です。
中間金を受け取る前に、手付金500万円＋中間金3,000万円＝合計3,500万円の保全措置が必要です。

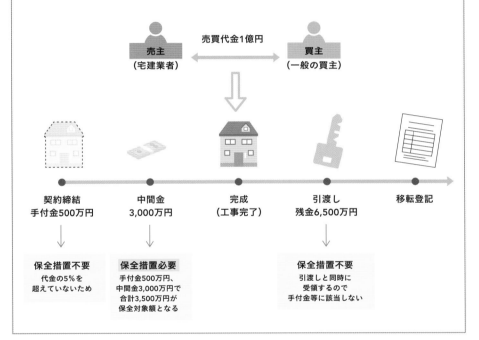

ココに注意！

契約成立前の申込証拠金は、基本的に保全措置の対象となりません。保全措置の対象となるのは、契約の日から物件引渡しの日までに授受される金銭だからです。しかし、契約締結後に代金に充当するのであれば、手付金等として扱うので保全措置の対象となります。

保全措置が必要な金銭を受け取るときは、先に保全措置を講じなければ受領できません。

❼割賦販売契約の解除等の制限

割賦販売とは、宅地または建物の引渡し後1年以上の期間にわたり、売買代金を2回以上に分割して一定額を支払う方法で販売することです。

●規制の内容

民法では買主に対して「支払いが1日でも遅れたら契約を解除する特約を付ける」ことも可能ですが、宅建業法では買主である一般消費者保護のため、自ら売主となる宅建業者に割賦販売契約を解除する際の制限を設けています。

買主が支払いを履行しない場合
30日以上の期間を定めて書面で催告し、その期間内に支払いがされないときでなければ、契約の解除や残りの代金の支払い請求はできません。

☆現在は住宅ローンの利用が多いため、割賦販売はほぼ行われていない状況です。

❽割賦販売における所有権の留保等の禁止

所有権の留保とは、買主が売買代金を全額支払い終えるまで、所有権を買主に移さないでおくことです。ただし、土地や建物の場合に売主が所有権留保を行ってしまうと、いつまでも買主は所有権を得られないままです。そのため、宅建業法では原則として所有権の留保は禁止しています。

●所有権の留保の禁止

宅建業者は、原則として物件を引き渡すまで［代金の10分の3（3割）を超える額を受領するまで］に、登記その他引渡し以外の売主の義務を履行しなければなりません。

次の場合は所有権の留保が認められます。

①宅建業者が受領した金額が、代金の10分の3（3割）以下のとき

②受領した金額が代金の10分の3（3割）を超えていても、買主が所有権移転登記後、残金に
　抵当権や保証人などの担保の設定ができないとき

過去問を解こう

過去問 ①

（平成28・問41-3）

宅地建物取引業者Aは、宅地建物取引業者でないBが所有する宅地について、
自らを売主、宅地建物取引業者Cを買主とする売買契約を締結することが
できる。

○　この場合は買主が宅建業者となるので、宅建業者間の
　取引にあたり、他人の宅地の売買も認められます。

過去問 ②

（令和元・問38-ア）

宅地建物取引業者Aが、自ら売主として、宅地建物取引業者ではないBとの
間で宅地の売買契約を締結したとき、Bがクーリング・オフにより売買契
約を解除した場合、当該契約の解除に伴う違約金について定めがあるとき
は、Aは、Bに対して違約金の支払を請求することができる。

×　売主である宅建業者は、クーリング・オフでの契約解
　除がされた場合は、買主に違約金や損害賠償の支払い
　を請求できません。

宅地建物取引業者Aが、自ら売主として、宅地建物取引業者でないBとの間でマンション（代金3,000万円）の売買契約を締結しようとする場合、Bは自ら指定した自宅においてマンションの買受けの申込みをした場合においても、宅地建物取引業法第37条の2の規定に基づき、書面により買受けの申込みの撤回を行うことができる。

× 問題文にある、宅地建物取引業法第37条の2の規定に基づく買受けの申込みの撤回とは、クーリング・オフのことをいいます。Bが自ら契約の場所として指定した自宅は、クーリング・オフできない場所とされます。そのため、クーリング・オフは適用されません。

宅地建物取引業者A社が、自ら売主として締結する建築工事完了後の新築分譲マンション（代金3,000万円）の売買契約で、A社は、宅地建物取引業者でない買主Bとの当該売買契約の締結に際して、当事者の債務不履行を理由とする契約解除に伴う損害賠償の予定額300万円に加え、違約金を600万円とする特約を定めたが、違約金についてはすべて無効である。

× 損害賠償の予定額と違約金の額の合計額は900万円となり、代金の10分の2を超えるため、10分の2（600万円）を超える額の部分のみ無効となります。すべて無効となるわけではありません。

過去問 ⑤

Q 宅地建物取引業者Aは、自ら売主として宅地建物取引業者でない買主Bとの間で建築工事完了後の建物に係る売買契約（代金3,000万円）において、「Aが契約の履行に着手するまでは、Bは、売買代金の1割を支払うことで契約の解除ができる」とする特約を定め、Bから手付金10万円を受領した。この場合、この特約は有効である。

A ✕ 買主は手付金の10万円を放棄することで契約の解除が可能です。これに対し、売買代金の1割つまり300万円を支払うことで契約の解除ができるという特約は買主に不利となるので無効となります。

過去問 ⑥

Q 宅地建物取引業者Aが、自ら売主として宅地建物取引業者でない買主Bとの間で、建築工事完了前のマンションの売買契約を締結するに当たり、宅地建物取引業法第41条の規定に基づく手付金等の保全措置が必要な場合、Aが受領した手付金の返還債務を連帯して保証することを委託する契約をAとAの代表取締役との間であらかじめ締結したときは、Aは、当該マンションの代金の額の20％に相当する額を手付金として受領することができる。

A ✕ 銀行でも保険事業者でもない宅建業者Aの代表取締役による連帯保証は、保全措置には該当しません。そのため、Aはマンションの代金額の20％に相当する額を手付金として受領することはできません。

Q 宅地建物取引業者Aは、自ら売主として宅地建物取引業者でない買主Bと建築工事完了前の建物を5,000万円で売買する契約を締結し、Bから手付金100万円と中間金500万円を受領したが、既に当該建物についてAからBへの所有権移転の登記を完了していたため、保全措置を講じなかった。これは宅地建物取引業法に違反しない。

A ○ 宅建業法に違反しません。買主への所有権移転の登記が完了していれば、手付金等の保全措置を講じる必要はありません。

Q 宅地建物取引業者Aは、自ら売主として宅地建物取引業者でない買主Bと建築工事完了前のマンションを4,000万円で売却する契約を締結する際、100万円の手付金を受領し、さらに200万円の中間金を受領する場合であっても、手付金が代金の5％以内であれば保全措置を講ずる必要はない。

A × 未完成物件のマンションで売買代金が4,000万円で、手付金100万円と中間金200万円の合計金額が300万円となり、代金の5％（4,000万円×5％＝200万円）を超えるため、中間金の受領前に手付金等の保全措置を講じる必要があります。

Q 自ら売主である宅地建物取引業者Aと宅地建物取引業者ではないBとの間の建物の割賦販売の契約において、Bからの賦払金が当初設定していた支払期日までに支払われなかった場合、Aは直ちに賦払金の支払の遅滞を理由として当該契約を解除することができる。

A ✕ 買主から賦払金が支払期日までに支払われなかった場合、30日以上の期間を定めて書面で催告し、その期間内に支払いがなければ、契約の解除ができます。直ちに契約の解除ができるわけではありません。

講義9

監督処分と罰則

宅建業者や宅建士が法令を守らなかったり、
違反行為をした場合には、
監督処分や罰則を受けることがあります。
ここでは、その内容をみていきますが、
宅建業者と宅建士に対する処分についての違いを
しっかりと押さえておくことが重要です。

1 宅建業者に対する監督処分

法令を守らない宅建業者には、監督処分、つまり行政機関からの命令が下されます。

［1］監督処分の種類

宅建業者に対する監督処分は、次の3つです。

軽い **指示処分➡業務停止処分➡免許取消処分** 重い

［2］監督処分をする者

指示処分・業務停止処分

①免許権者である国土交通大臣または都道府県知事
②違反行為地の都道府県知事

免許取消処分

免許権者である国土交通大臣または都道府県知事のみ

●宅建業者への監督処分と処分をする者

処分をする者	国土交通大臣		例）千葉県知事	
対象／処分	国土交通大臣免許の宅建業者	千葉県知事免許の宅建業者	千葉県知事免許の宅建業者	千葉県内で業務を営む宅建業者（国土交通大臣または他の都道府県知事が免許権者）
指示処分	できる	できない	できる	できる
業務停止処分（1年以内）	できる	できない	できる	できる
免許取消処分	できる	できない	できる	できない

［3］処分事由

❶指示処分

宅建業者に対し、業務を改善するよう指示することです。

指示処分となる事由
①業務に関し、取引の関係者に損害を与えたとき、または損害を与えるおそれが大きいとき
②業務に関し、取引の公正を害する行為をしたとき、または取引の公正を害するおそれが大きいとき
③業務に関し、宅建業法以外の法令に違反し、宅建業者として不適当であると認められるとき
④宅建士が監督処分を受けた場合で、宅建業者にも責任があるとき
⑤宅建業法または住宅瑕疵担保履行法の規定に違反したとき

❷業務停止処分

業務停止処分は、**1年以内の期間を定めて業務の全部または一部**について命じられます。

業務停止処分となる事由
①業務に関し、宅建業法以外の法令に違反し、宅建業者として不適当であると認められるとき
②宅建士が監督処分を受けた場合で、宅建業者にも責任があるとき
③宅建業に関し不正または著しく不当な行為をしたとき
④指示処分に違反したとき
⑤次の宅建業法の一定の規定に違反したとき
　・誇大広告をしたとき
　・取引態様を明示しなかったとき
　・媒介契約書の交付義務違反、記載漏れ
　・重要事項説明書の交付義務違反、説明義務違反
　・守秘義務の違反
　・限度額を超えて報酬を受け取ったとき
　・従業者証明書を携帯させなかったとき
　・従業者名簿の備付けをしなかったとき　など

●免許権者のみが業務停止処分ができる場合
①専任の宅建士の設置義務違反
②営業保証金制度の規定に違反(不足額を2週間以内に供託しない、など)
③保証協会制度の規定に違反(新しく設置した事務所の分担金、還付充当金の納付をしない、など)
④住宅瑕疵担保履行法の規定に違反(住宅販売瑕疵担保保証金の供託をしない、など)

❸免許取消処分

必ず免許を取り消される事由（必要的免許取消し）と、免許権者の裁量で
免許を取り消すことができる事由（任意的免許取消し）の2つがあります。

免許取消処分となる事由

●必ず取り消される事由（必要的免許取消し）

①欠格事由に該当したとき

②免許換えをすべきなのにしていなかったとき

③免許を受けてから、1年以内に事業を開始しない、引き続き1年以上事業を休止したとき

④廃業等の届出がなく、廃業の事実が判明したとき

⑤不正の手段により免許を受けたとき

⑥業務停止処分事由に該当し、情状が特に重い場合

⑦業務停止処分に違反した場合

☆⑤〜⑦は、免許を取り消されると5年間免許を受けることができません。

●免許を取り消すことができる事由（任意的免許取消し）

次の場合は、免許の取消しは任意です。

①免許の条件に違反したとき

②営業保証金の供託済みの届出をしないとき

③宅建業者の事務所の所在地または宅建業者の所在を確知できないとき

（公告の日から30日を経過しても宅建業者から申出がないとき）

ココに注意！

監督処分とは業務停止や免許の取消しなどの行政処分をいい、「一定期間
にわたり業務をさせない・免許を出さない」などにより、将来発生するか
もしれないトラブルを防ぐという意味合いもあります。一方、罰則は、国
家（裁判）が課すもので、過去の時点で犯してしまった違反行為に対する
刑罰（制裁）です。

（平成28・問37-ア）

 宅地建物取引業者A（甲県知事免許）が乙県内に新たに支店を設置して宅地建物取引業を営んでいる場合において、免許換えの申請を怠っていることが判明したときは、Aは、甲県知事から業務停止の処分を受けることがある。

   免許換えが必要となる場合に、免許換えの申請を怠った場合は、業務停止処分ではなく、免許取消処分となります。

（平成23・問44-3）

 宅地建物取引業者は、宅地建物取引業法に違反した場合に限り、監督処分の対象となる。

  業務に関して、宅建業法以外のその他の法令に違反した場合であっても、宅建業者として不適当であると認められるときであれば、監督処分（指示処分・業務停止処分）の対象となります。

2 宅建士に対する監督処分

宅建業者と同様、宅建士も法令に違反すると、監督処分の対象となります。

［1］監督処分の種類

宅建士に対する監督処分は、次の3つです。

軽い　**指示処分➡事務禁止処分➡登録消除処分**　重い

［2］監督処分をする者

指示処分・事務禁止処分

①登録している都道府県知事
②違反行為地の都道府県知事（登録権者以外）

登録消除処分

登録している都道府県知事のみ

ココに注意！

監督処分を行うのは都道府県知事です。国土交通大臣は処分を行うことが
できません。

●宅建士への監督処分と処分をする者

処分をする者	国土交通大臣	例）千葉県知事	
処分の種類　　　　　　　対象	ー	宅建士 （千葉県知事登録）	千葉県内で事務を行う宅建士 （他の都道府県知事が登録権者）
指示処分	できない	できる	できる
事務禁止処分 （1年以内）	できない	できる	できる
登録消除処分	できない	できる	できない

［3］処分事由

❶指示処分

宅建士の行為に対して必要な指示を行います。

指示処分の事由

①宅建業者に自己が専任の宅建士として従事している事務所以外の事務所の専任の宅建士である旨の表示をすることを許し、宅建業者がその旨の表示をしたとき

②他人に自己の名義の使用を許し、他人がその名義を使用して宅建士である旨の表示をしたとき（名義貸し）

③宅建士として行う事務に関し、不正または著しく不当な行為をしたとき

ココに注意！

宅建士として行う事務とは、①重要事項説明、②重要事項説明書への記名、③契約書面（37条書面）への記名の3つです。事務の禁止期間中はこの3つの事務ができなくなりますが、宅建業者の従業者として従事することは可能です。

❷事務禁止処分

上記に挙げた指示処分の事由①～③に加えて、指示処分に従わなかったときは、1年以内の期間を定めた事務禁止処分にすることができます。

❸登録消除処分

登録消除処分事由に該当したときは、必ず登録を消除しなければなりません。

登録消除処分の事由
①登録の欠格事由に該当したとき
②不正の手段で登録を受けたとき
③不正の手段により宅建士証の交付を受けたとき
④指示処分、事務禁止処分に該当し、情状が特に重いとき
⑤事務禁止処分に違反し事務を行ったとき
⑥宅建士資格者が宅建士としてすべき事務を行い、情状が特に重いとき

☆宅建士資格者とは、登録を受けているけれど、宅建士証の交付を受けていない者のことです。

［4］宅建士に対する報告の徴取

国土交通大臣はすべての宅建士に対して、都道府県知事はその登録を受けている宅建士およびその都道府県の管轄区域内で事務を行う宅建士に対して、必要があると認めるときは事務についての必要な報告を求めることができます。なお、宅建士には立入検査（p171参照）の規定はありません。

［5］宅建士証の提出と返納

❶事務禁止処分を受けた場合
登録をしている都道府県知事に対して、**提出**しなければなりません。

❷登録消除処分を受けた場合
登録をしている都道府県知事に対して、**返納**しなければなりません。

Q 甲県知事の宅地建物取引士資格登録を受けている宅地建物取引士Aは、乙県内の業務に関し、甲県知事又は乙県知事から報告を求められることはあるが、乙県知事から必要な指示を受けることはない。

A ✕ 甲県・乙県の知事のどちらも、必要であると認めるときは、事務についての必要な報告を求めることができ、業務についても指示処分をすることができます。

❸ 監督処分の方法

●監督処分の流れ

監督処分は通知（通知するときは、聴聞の期日・場所を公示）、聴聞、処分、公告の流れで行われます。

| 不正行為の通知 | → | 聴 聞 | → | 処 分 | → | 公 告 |

処分なし

（指示処分には公告はなし）

聴聞

免許権者（国土交通大臣または都道府県知事）は、宅建業者と宅建士に対する監督処分を行おうとするときは、公開による聴聞を行わなければなりません。宅建業者等の言い分を聞く機会を設けるためです。

 ココに注意！

指示処分や業務停止処分を受けた宅建業者は、宅建業者名簿に処分日と処分内容が記載されます。

公告

宅建業者に業務停止処分、免許取消処分をしたときは、都道府県知事や国土交通大臣は、その旨を公告する必要があります。なお、指示処分については公告されることはありません。

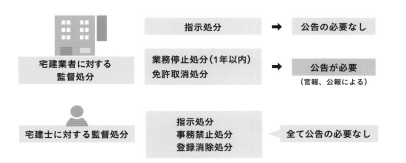

宅建業者に対する監督処分	指示処分	➡	公告の必要なし
	業務停止処分(1年以内)免許取消処分	➡	公告が必要（官報、公報による）
宅建士に対する監督処分	指示処分 事務禁止処分 登録消除処分	⬅	全て公告の必要なし

過去問を解こう

過去問 ①

（平成24・問44-1）

 Q 国土交通大臣又は都道府県知事は、宅地建物取引業者に対して必要な指示をしようとするときは、行政手続法に規定する弁明の機会を付与しなければならない。

 A ✕ 「弁明の機会」ではなく、公開による聴聞を行い、宅建業者の言い分を聞く機会を設ける必要があります。

過去問 ②

（平成24・問44-2）

Q 甲県知事は、宅地建物取引業者A社（国土交通大臣免許）の甲県の区域内における業務に関し、A社に対して指示処分をした場合、遅滞なく、その旨を国土交通大臣に通知するとともに、甲県の公報により公告しなければならない。

 A ✕ 公告が必要となるのは、業務停止処分と免許取消処分の場合なので、指示処分であれば公告は不要です。

4 その他

［1］処分した場合には

❶宅建業者の場合

宅建業者に指示処分または業務停止処分をした都道府県知事は、遅滞なくその旨をその宅建業者の免許権者へ報告または通知をしなければなりません。

こんな場合はどうなる？

例）宅建業者に指示処分、業務停止処分をした千葉県知事のケース

①宅建業者が千葉県知事免許の場合

千葉県の宅建業者なので通知は不要

②宅建業者が国土交通大臣免許の場合

国土交通大臣に報告

③宅建業者が神奈川県知事免許の場合

神奈川県知事に通知

❷宅建士の場合

宅建士に指示処分、事務禁止処分をした都道府県知事は、遅滞なく、その旨を、その宅建士が登録している都道府県の知事に通知しなければなりません。

こんな場合はどうなる？

例）宅建士に指示処分、事務禁止処分をした千葉県知事のケース

①宅建士が千葉県で登録している場合

千葉県登録の宅建士なので通知は不要

千葉県知事　通知不要　✕　千葉県知事

②宅建士が東京都で登録している場合

東京都知事に通知

千葉県知事　通知　東京都知事

［2］内閣総理大臣との協議

国土交通大臣が、国土交通大臣免許の宅建業者に対して、次に掲げる理由で監督処分をする場合は、あらかじめ、内閣総理大臣と協議する必要があります（都道府県知事の場合は必要ありません）。これは消費者庁（内閣府の外局）の設置により、国土交通大臣のもつ一定の権限が、内閣総理大臣に認められるようになったためです。

● **重要事項の説明義務や契約書面（37条書面）の交付義務違反**
● **宅建業者が自ら売主となる場合の規制（8種制限）に違反**

［3］指導・助言・勧告

国土交通大臣はすべての宅建業者に対して、都道府県知事はその管轄区域内で宅建業を営む宅建業者に対して、指導・助言・勧告を行うことができます。

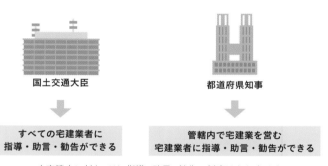

☆宅建士に対しては、指導・助言・勧告の制度はありません。

［4］報告と立入検査

国土交通大臣は宅建業を営むすべての者に、都道府県知事はその管轄区域内で宅建業を営むすべての者に対して、業務内容の報告を求め、また、帳簿や書類を検査したり、事務所や業務に関係のある物件に立ち入り、検査をさせることができます。

国土交通大臣

都道府県知事

⬇

宅建業を営むすべての者に報告を求め立入検査ができる

⬇

管轄内で宅建業を営む者に報告を求め立入検査ができる

ココに注意！

 報告と立入検査における「宅建業を営むすべての者」とは、無免許で業を営んでいる者を含めたすべての宅建業者のことです。

＼ 過去問を解こう ／

（平成27・問43-4）

 宅地建物取引業者A（国土交通大臣免許）は、甲県内に所在する事務所について、業務に関する帳簿を備えていないことが判明した。この場合、Aは、甲県知事から必要な報告を求められ、かつ、指導を受けることがある。

 A ○ 国土交通大臣の免許であっても、甲県内の事務所で業務に関する帳簿を備えていなかった場合は宅建業法違反となるため、甲県知事は宅建業者Aに対して、必要な報告を求め、指導をすることができます。

5 罰則

宅建業法の違反に対しては、さまざまな罰則が設けられています。

●宅建業者に対する罰則

3年以下の懲役もしくは 300万円以下の罰金 （これを併科）	・不正の手段により免許を受けた者 ・無免許事業の禁止に違反した者 ・名義貸しをして、他人に宅建業を営ませた者（名義貸し） ・業務停止処分に違反して業務を営んだ者
2年以下の懲役もしくは 300万円以下の罰金 （これを併科）	契約の勧誘をするにあたり、重要な事項を故意に告げず、不実のことを告げた者など
1年以下の懲役もしくは 100万円以下の罰金 （これを併科）	不当に高額の報酬を要求した者
6カ月以下の懲役もしくは 100万円以下の罰金 （これを併科）	・営業保証金の供託の届出前に事業を開始した者 ・誇大広告等の禁止に違反した者 ・不当な履行遅延をした者 ・手付の貸付け等をすることで、契約締結を誘引した者
100万円以下の罰金	・無免許で宅建業の表示・広告をした者 ・名義貸しで、他人に宅建業の広告表示をさせた者 ・専任の宅建士の設置義務に違反した者 ・限度額を超えた報酬を受領した者
50万円以下の罰金	・変更の届出をせず、または虚偽の届出をした者 ・案内所等の届出をせず、または虚偽の届出をした者 ・契約書面（37条書面）を交付しなかった者 ・事務所に報酬の額を掲示しなかった者 ・従業者に従業者証明書を携帯させなかった者 ・標識を掲示しなかった者 ・事務所に従業者名簿や帳簿を備え付けず、記載すべき事項を記載していない、虚偽の記載をした者 ・守秘義務に違反した者 ・事務所への立入検査を拒んだ者

両罰規定
宅建業者の従業者などが違反行為を行った場合、行為者だけでなく、法人である宅建業者に対しても罰金刑が科せられることです。

3年以下の懲役、もしくは300万円以下の罰金（これを併科）、
2年以下の懲役、もしくは300万円以下の罰金（これを併科）
上記に該当する違反を従業者などが行った場合は、その法人には1億円以下の罰金刑が科せられます。

●**宅建士に対する罰則**

50万円以下の罰金	国土交通大臣や都道府県知事から報告を求められた宅建士が、報告をしない、または虚偽の報告をした者
10万円以下の過料	・宅建士証の返納義務に違反した者 ・宅建士証の提出義務に違反した者 ・重要事項説明の際に、宅建士証を提示しなかった者

\ **過去問を解こう** /

(平成29・問29-4)

宅地建物取引業者A（甲県知事免許）は、宅地建物取引業法第72条第1項に基づく甲県職員による事務所への立入検査を拒んだ。この場合、Aは、50万円以下の罰金に処せられることがある。

宅建業免許の管轄都道府県職員による事務所への立入検査を拒んだ場合は、50万円以下の罰金に処せられます。

住宅瑕疵
担保履行法

一般の買主に新築住宅を売る宅建業者には、
引き渡した住宅に瑕疵（キズや欠陥）が見つかった場合に、
補修や損害賠償をする義務があります。
そのことについて定めた法律が、住宅瑕疵担保履行法です。
ここでは、適用される対象や
資力確保措置の方法などについて解説します。

❶ 住宅瑕疵担保履行法とは

一般の買主に新築住宅を販売する宅建業者に対し、引き渡した住宅に瑕疵（キズや雨漏りなどの欠陥）があった場合に、補修や損害賠償を行えるように、事前に資力確保の措置を取ることを義務づけている法律が「特定住宅瑕疵担保責任の履行の確保等に関する法律（住宅瑕疵担保履行法）」です。

［1］住宅品質確保法と住宅瑕疵担保履行法の関係

「**住宅の品質確保の促進等に関する法律（住宅品質確保法）**」では、新築住宅の売主に対し、新築住宅の瑕疵について10年間保証責任を負うように定めています。しかし、売主に瑕疵を補修するための資力がなかったり、倒産してしまった場合は、責任を果たせず、買主に損害を与えることになります。そこで、**住宅瑕疵担保履行法**を設け、新築住宅の売主となる宅建業者に対して、資力確保の措置を義務づけているのです。

❶住宅品質確保法と住宅瑕疵担保履行法の関係

住宅品質確保法 では

新築住宅の売主は、買主に対して、引渡し時から10年間、瑕疵担保責任を負う必要があることを定めています。

でも、これだけでは売主が瑕疵担保責任を確実に履行できない可能性があります。

そこで

住宅瑕疵担保履行法 では

売主である宅建業者に資力確保を義務づけるよう定めています。

❷瑕疵担保責任の内容

買主は、
①**損害賠償請求**
②**契約の解除**（瑕疵により契約の目的を達成できない場合）
③**瑕疵修補の請求**
以上3つが可能です。　☆買主に不利な特約は無効となります。

住宅瑕疵担保履行法は新築住宅の売買にのみ適用されます。中古住宅には適用されません。

● 瑕疵担保責任の期間と内容

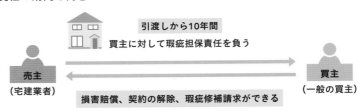

引渡しから10年間
買主に対して瑕疵担保責任を負う

売主	買主
（宅建業者）	（一般の買主）

損害賠償、契約の解除、瑕疵修補請求ができる

・住宅の構造耐力上主要な部分
・雨水の浸入を防止する部分　について

● 保証される部分

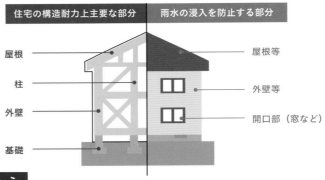

住宅の構造耐力上主要な部分	雨水の浸入を防止する部分

屋根　　柱　　外壁　　基礎

屋根等　　外壁等　　開口部（窓など）

過去問を解こう

過去問 ①

（平成28・問45-4）

Q 自ら売主である宅地建物取引業者Aが、住宅瑕疵担保責任保険法人と住宅販売瑕疵担保責任保険契約の締結をした場合、宅地建物取引業者でない買主Bが住宅の引渡しを受けた時から10年以内に当該住宅を転売したときは、住宅瑕疵担保責任保険法人にその旨を申し出て、当該保険契約の解除をしなければならない。

  その住宅が転売されても、保険契約を解除することはできません。住宅販売瑕疵担保責任保険契約は、新築住宅の引渡しを受けた時から10年は有効です。

Q 住宅販売瑕疵担保責任保険契約を締結している宅地建物取引業者は、当該保険に係る新築住宅に、構造耐力上主要な部分及び雨水の浸入を防止する部分の隠れた瑕疵（構造耐力又は雨水の浸入に影響のないものを除く。）がある場合に、特定住宅販売瑕疵担保責任の履行によって生じた損害について保険金を請求することができる。

A ◯ 住宅販売瑕疵担保責任保険契約を締結していて、新築住宅の「構造耐力上主要な部分及び雨水の浸入を防止する部分の隠れた瑕疵」がある場合、宅建業者は保険金の請求ができます。

② 資力確保措置の方法

［1］資力確保について

宅建業者が売主で、一般の買主に新築住宅を引き渡す場合に、資力確保の措置が義務づけられます。

 新築住宅
住宅瑕疵担保履行法での新築住宅とは、新たに建設されてから1年以内、かつ、まだ人が居住したことのない住宅のことです。

売主
（宅建業者）

買主
（一般の買主）

ココに注意！

 宅建業者間の取引には、資力確保措置は義務づけられません。しかし、買主が宅建業者ではなく建設業者なら、原則どおり資力確保措置が義務づけられます。また、資力確保措置は売主である宅建業者に課されるものであり、媒介・代理業者が資力確保措置を講じることはありません。

［2］資力確保措置

売主となる宅建業者が講じる資力確保措置の方法には、保証金制度（住宅販売瑕疵担保保証金）と保険制度（住宅販売瑕疵担保責任保険）の2種類があります。

●資力確保の方法

❶住宅販売瑕疵担保保証金制度

供託方法は宅建業法の営業保証金との共通点があるので、比較して覚えましょう。

●住宅販売瑕疵担保保証金制度と営業保証金制度の比較

①供託先	主たる事務所の最寄りの供託所	営業保証金制度と**同じ**
②供託額	**住宅供給戸数に応じた計算方法** 宅建業者の過去の住宅供給戸数に応じて算定する ☆住宅の床面積が55㎡以下であるときは、新築住宅の合計戸数の算定にあたって、2戸で1戸と数えます。	営業保証金制度と異なる
③供託物	金銭および有価証券 ・有価証券の場合 ①国債：額面金額の100％ ②地方債・政府保証債：額面金額の90％ ③その他令で定める有価証券：額面金額の80％	営業保証金制度と**同じ**
④供託方法	①金銭のみ ②有価証券のみ ③金銭＋有価証券	営業保証金制度と**同じ**
⑤還付による保証金の不足額の供託	・国土交通大臣から通知書の送付を受けた日または**保証金が基準額に不足することを知った日から**2週間以内に不足額を供託 ・供託した日から2週間以内に国土交通大臣または都道府県知事に届出を行う	「保証金が基準額に不足することを知った日から」の個所が、営業保証金制度と異なる

❷住宅販売瑕疵担保責任保険

保証金を供託する代わりに、国土交通大臣が指定する住宅瑕疵担保責任保険法人との保険契約を締結する方法をとることもできます。

条件
・買主が新築住宅の引渡しを受けてから10年以上の保険期間であること
・売主である宅建業者が保険料を支払うこと
⇒欠陥が見つかった場合は、宅建業者が保険金を受け取り、欠陥を直します。
　もし、宅建業者が倒産していた場合は、買主が直接受け取れます。
・損害を填補するための保険金額が2,000万円以上であること

\過去問を解こう／

（平成29・問45-2）

 自ら売主として新築住宅を宅地建物取引業者でない買主Bに引き渡した宅地建物取引業者Aが、住宅販売瑕疵担保保証金を供託する場合、その住宅の床面積が55㎡以下であるときは、新築住宅の合計戸数の算定に当たって、床面積55㎡以下の住宅2戸をもって1戸と数えることになる。

   住宅の床面積が55㎡以下なら、新築住宅の合計戸数の算定にあたって、2戸で1戸と数えます。

［3］その他の宅建業者の業務

❶供託所の説明

住宅販売瑕疵担保保証金の供託をしている宅建業者は、新築住宅の売買契約を締結するまでに買主に対して、供託所の所在地や表示等を記載した書面を交付して（電磁的な方法での提供も可）説明しなければなりません。相手が宅建業者の場合は不要です。

❷免許権者への届出

宅建業者は、新築住宅を引き渡した場合、毎年基準日（3月31日）における、保証金の供託および保険契約の締結の状況について、宅建業の免許権者（国土交通大臣または都道府県知事）に届出をしなければなりません。この**届出は、基準日から3週間以内**に行います。なお、保証金の供託についても、基準日から3週間以内に行うこととされています。

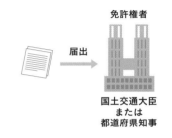

免許権者

届出

国土交通大臣
または
都道府県知事

❸売買契約の制限

宅建業者は、基準日ごとに保証金の供託または保険契約の締結状況の届出をする必要があります。届け出なかった場合は、基準日の翌日から起算して50日を経過した日以後、原則として新たな新築住宅の売買契約の締結を、売主としてできなくなります。

●資力確保措置の状況の届出

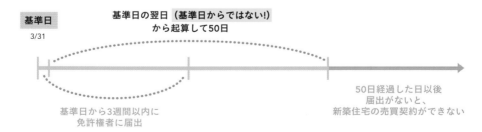

基準日
3/31

基準日の翌日（基準日からではない!）
から起算して50日

基準日から3週間以内に
免許権者に届出

50日経過した日以後
届出がないと、
新築住宅の売買契約ができない

\ 過去問 ① /

(令和4・問45-3)

 自ら売主として新築住宅を販売する宅地建物取引業者は、基準日から3週間を経過する日までの間において、当該基準日前10年間に自ら売主となる売買契約に基づき宅地建物取引業者ではない買主に引き渡した新築住宅（住宅販売瑕疵担保責任保険契約に係る新築住宅を除く。）について、住宅販売瑕疵担保保証金の供託をしていなければならない。

 ○ 自ら売主として新築住宅を販売する宅建業者は、毎年基準日から3週間を経過する日までの間に、基準日前10年間に宅建業者ではない買主に引き渡した新築住宅について、住宅販売瑕疵担保保証金の供託をしていなければなりません。

\ 過去問 ② /

(平成27・問45-2)

 自ら売主として新築住宅を販売する宅地建物取引業者は、住宅販売瑕疵担保保証金の供託をする場合、宅地建物取引業者でない買主へのその住宅の引渡しまでに、買主に対し、保証金を供託している供託所の所在地等について記載した書面を交付して説明しなければならない。

 ✕ 供託所の説明時期は、住宅の引渡しまでにではなく、売買契約を締結するまでにです。

宅建業法 さくいん

- memo -

- memo -